CONTEXTOS

CONTEXTOS

LITERATURA Y SOCIEDAD LATINOAMERICANAS DEL SIGLO XIX

EVELYN PICON GARFIELD
IVAN A. SCHULMAN
EDITORES

UNIVERSITY OF ILLINOIS PRESS
Urbana and Chicago

Publication of this book was supported in part by a grant from the Office of the Chancellor, University of Illinois at Urbana-Champaign.

This book is printed on acid-free paper.

Library of Congress Cataloging-in-Publication Data

Contextos : literatura y sociedad latinoamericanas del siglo XIX /
Evelyn Picon Garfield, Ivan A. Schulman, editores.
     p. cm.
   Includes bibliographical references.
   ISBN 0-252-01766-8
   1. Latin American literature—19th century—History and criticism—
Congresses. 2. Literature and society—Latin America—
History—19th century—Congresses. I. Garfield, Evelyn Picon.
II. Schulman, Ivan A.
PQ7081.A1C664 1991   90-42509
860.9'98'09034—dc20   CIP

Indice

Introducción

Este volumen es fruto de un intercambio cultural entre Estados Unidos y la Unión Soviética sobre literatura latinoamericana y como tal marca un acontecimiento histórico: el primer encuentro en Estados Unidos entre especialistas en literatura latinoamericana de los dos países. La reunión tuvo lugar durante los primeros días del mes de diciembre de 1987 en la Universidad de Illinois, Urbana-Champaign, con motivo del segundo simposio EEUU-URSS auspiciado por The American Council of Learned Societies–Soviet Academy of Sciences Commission on the Humanities and Social Sciences, administrado en EEUU por el International Research and Exchanges Board (IREX). Entre los preparativos en Washington de la visita de Gorbachev y el ambiente de *glasnost*, tres academicistas soviéticos y cinco profesores estadounidenses se reunieron durante tres días para discutir el tema de "La literatura y la conciencia nacional en la literatura latinoamericana del siglo XIX." Este volumen deja constancia de la variedad de aquel diálogo.

El simposio de 1987 fue el resultado de varios encuentros anteriores que tuvieron su origen en 1983, cuando Evelyn Picon Garfield e Ivan A. Schulman viajaron a Moscú para explorar con Vera Kuteischikova, Ina Terterian y Valeri Zemskov la posibilidad de organizar una serie de simposios con especialistas de los dos países sobre literatura latinoamericana. El primer ciclo de intercambios empezó con dos simposios a través de dos años y formó parte de un protocolo entre los dos países para 1986–87. El primer simposio se celebró en Moscú el 7–9 de enero de 1986, sobre "Literatura y conciencia nacional en el período colonial."[1] Se leyeron trabajos de José Juan Arrom, Enrique Anderson Imbert, Georgina Sabat Rivers, Julio Ortega, Vera Kuteischikova, Valeri Zemskov, Zachar Plavskin, e Ina Terterian.

Durante el segundo simposio de 1987 en Illinois los participantes de la Academia de Ciencias de la URSS—Vera Kuteischikova, Valeri Zemskov, y Yuri Zubritski—dialogaron con los profesores Evelyn Picon Garfield, Ivan A. Schulman, y Peggy Sharpe Valadares (los tres de la Universidad de Illinois, Urbana-Champaign), Graciela Palau de Nemes (Universidad de Maryland) y Aníbal González-Pérez (Universidad de Texas). En este volumen sobre la literatura latinoamericana del siglo

XIX, se exploran obras de autores marginados como Gertrudis Gómez de Avellaneda y Juan Wallparimachi Mayta, temas sociohistóricos como la esclavitud y la literatura en Puerto Rico, la mujer y la reforma en Brasil; e investigaciones sobre el desarrollo étnico-nacional de la literatura, la modernización hispanoamericana, y el Romanticismo y la conciencia nacional.

En 1988–89, habrá otro ciclo de dos simposios sobre la literatura latinoamericana en el siglo XX; el primero, otra vez en la URSS. Los editores de este volumen esperamos que tales intercambios continúen enriqueciendo el terreno fértil de discusiones sobre la producción literaria de los países de Latinoamérica.

En esta labor queremos dejar constancia de nuestro agradecimiento al Dr. Wesley A. Fisher por la ayuda de IREX en la planificación de estos simposios, y por su asesoramiento, sin el cual estos simposios binacionales nunca se hubieran realizado.

Evelyn Picon Garfield
Ivan A. Schulman

NOTA

1. *Coloquio sobre la literatura colonial latinoamericana: actas del primer simposio en Moscú entre E.E.U.U. y U.R.S.S.* Eds. I.A. Schulman y E. Picon Garfield. Montevideo: Monte Sexto, 1990.

CONTEXTOS

VERA NIKOLAYEVNA KUTEISCHIKOVA

El Romanticismo y el problema de la conciencia nacional en la literatura latinoamericana en el siglo XIX

"América en busca de su expresión"[1]—esta fórmula metafórica de Pedro Henríquez Ureña caracteriza muy lacónicamente la corriente magistral en el desarrollo literario de América Latina. Ésta comenzó a germinarse ya en la época colonial, pero el impulso más fuerte y decisivo le fue dado por la Independencia. Fue el momento de la gestación y realización de la lucha anticolonial cuando empezaron a formarse los cimientos del llamado americanismo. La ideología americanista se plasmaba en manifiestos y distintos documentos políticos y constitucionales. La expresión máxima de la ideología americanista la tenemos en la obra y la lucha de Simón Bolívar.

Las ideas de la Independencia y la autoafirmación de los pueblos americanos crecieron intensamente desde el siglo XVIII bajo la influencia del pensamiento de la Ilustración europea, para enriquecerse luego con los conceptos del Romanticismo surgidos a comienzos del siglo XIX. El contacto de los latinoamericanos con la avanzada cultura del Viejo Mundo fue vitalmente importante para la formación del americanismo. Recordemos las palabras precisas del gran pensador y poeta romántico Esteban Echeverría: "La América debe . . . estudiar el movimiento progresivo de la inteligencia europea . . . pero sin ajustarse ciegamente a sus influencias . . . debe apropiarse todo lo que puede atribuir a la satisfacción de sus necesidades; debe, para conocerse y alumbrarse en su carrera, caminar con la antorcha del espíritu humano."[2] Por su parte Andrés Bello habla del posible peligro del servilismo en el proceso necesario de aprendizaje. "Nosotros somos ahora arrastrados más allá de lo justo por la influencia de la Europa, a quien al mismo tiempo que aprovechamos de sus luces debiéramos imitar en la independencia del pensamiento . . . ."[3]

Los conceptos de las idiosincrasias etnohistóricas y socioculturales de América Latina, que surgieron en sus distintas partes durante el siglo XIX, tenían contenidos concretos distintos, pero metodológicamente casi todos se basaban en una dicotomía bastante rígida. El prin-

cipio dicotómico en general es muy propio al pensamiento social en
la fase inicial de la formación de la idea nacional. En el momento de
los cambios históricos la sociedad siente una necesidad apremiante de
autoanálisis: comprender el pasado en relación con el estado actual y
futuro, comprender su propio carácter nacional en relación con el de
los demás pueblos.

Por eso el pensamiento latinoamericano, después de la liberación
del colonialismo, se mueve casi siempre dentro de la invariable oposición: pasado/futuro (como proyecto), lo propio/lo ajeno. Este es-
quema está presente en la ideología de ambos partidos opuestos, el
conservador y el liberal. Lo que los unía fue la crítica dura del estado
postrevolucionario—el caos y la anarquía que reinaban por todas partes
de América Latina. Pero lo que los distinguía profundamente fueron
la interpretación de la triste situación histórica, en que se encontraron
las jóvenes repúblicas después de la Independencia, y los planes para
su futura organización. Los conservadores, aferrados al régimen colonialista, volvían sus ojos al pasado; para ellos la anarquía fue históricamente condenada. Por su parte, el programa liberal tenía también
sus puntos irrealizables, a saber los intentos de descartar totalmente
la herencia histórica de sus pueblos, hasta negar el elemento español
en la cultura de las jóvenes naciones.

A raíz de este nihilismo se difundieron las ilusiones en cuanto a la
eficiencia de la aplicación directa de modelos socioeconómicos occidentales en el suelo latinoamericano. Esta posición tampoco correspondía a la lógica del desarrollo histórico de los países latinoamericanos. Construir patrias nuevas fue posible sólo a partir de la realidad
socioeconómica y cultural, legada por la época colonial, mirando no
al pasado, sino al futuro y utilizando la experiencia de las naciones
desarrolladas en la medida que correspondía a las posibilidades y necesidades de los pueblos americanos.

En este proceso de la formación de las nuevas sociedades la cultura
resultó ser un factor de importancia vital. "La cultura creando para sí
misma su propio modelo influye poderosamente sobre el proceso de
auto–organización de la nación"[4]—señala nuestro conocido teórico Yuri
Lotman, subrayando la directa y fuerte correlación de esfuerzos en
ambas esferas, la sociopolítica y la artístico-cultural en el momento
inicial de la construcción nacional. Los ejemplos más brillantes de esta
conjunción son la obra y las actividades de las grandes figuras del siglo
XIX: Bolívar, Bello, Sarmiento.

Es imposible e inútil deslindar las esferas de las actividades de estos
próceres de Latinoamérica, "hombres totales" en el sentido estricto de
estas palabras. Todos concibieron las letras como un arma de lucha,

instrumento de creación de sus patrias. Así, el primer novelista de México, J. J. Fernández Lizardi, se puso a escribir su famosa novela *El periquillo sarniento*—la primera en Latinoamérica—luego de ser prohibida por las autoridades la expresión de sus ideas en revistas como *El pensador mexicano*. Esteban Echeverría confesaba con toda sinceridad que no se sentía poeta por vocación y que había comenzado a componer versos sólo para servir a su patria en infortunio.

Esta situación impregnó directamente el carácter de la literatura, varias de cuyas obras claves nacieron híbridas, en las cuales se conjugaron distintos géneros: narrativa, panfleto–documento, ensayo. Mencionaremos nuevamente a Sarmiento, autor de *Facundo*, obra que reúne en sí la descripción geográfica, las divagaciones filosóficas, los cuadros de costumbres y hasta una narración novelesca que cuenta la vida del cacique pampero Facundo Quiroga.

La búsqueda de su propia esencia y el deseo de autoexpresión de las jóvenes naciones se nutrían de la ideología del americanismo y encontró su expresión artística más orgánica en el llamado americanismo literario. Son bien conocidos los numerosos manifiestos del americanismo literario, empezando por la célebre "Silva" de Andrés Bello. Los famosos escritores de las primeras generaciones—José Victorino Lastarria en Chile, Esteban Echeverría y Juan María Gutiérrez en Argentina, Juan León Mera en Ecuador, y otros—lanzaron una llamada apremiante: beber de las ricas e inagotables fuentes de la identidad del mundo latinoamericano para descubrirlo y crear su imagen. En su famoso discurso de 1842, J. V. Lastarria declaraba la necesidad de crear la literatura nacional con estas palabras: "Fuerza es que seamos originales, tenemos dentro de nuestra sociedad todos los elementos para serlo, para convertir nuestra literatura en la expresión auténtica de nuestra nacionalidad."[5]

El comienzo de la formación nacional de las letras latinoamericanas coincidió cronológicamente con la época del florecimiento del Romanticismo en Europa. Una de sus tendencias importantes es exactamente la apelación a las tradiciones nacionales, que correspondía directamente al impulso americanista: "Del Romanticismo, tanto en su expresión francesa como en la alemana, los hispanoamericanos van a tomar su preocupación por la realidad que se ofrece en la historia y la cultura. La preocupación por los valores nacionales se transforma en ellos en preocupación por los valores propios de América."[6] Estas palabras del conocido filósofo mexicano Leopoldo Zea que caracterizan la orientación del pensamiento latinoamericano en esta época, tienen una relación directa con el contenido del americanismo literario en su primera época, la del Romanticismo. Las letras románticas de Latinoamérica inspirándose en lo nativo de la vida comenzaron a imbuirse de su color local.

Otro factor influyente en el proceso que tratamos fue de carácter sociohistórico: el ambiente de las guerras civiles y luchas internas que provocaban el fervor romántico. De tal modo el Romanticismo fue no sólo un fenómeno puramente literario e ideológico, sino un modo de vivir, una manera de ser. Varias grandes figuras de América Latina en el siglo XIX eran al mismo tiempo personas de acción y de letras.

Como se sabe, hay varias aproximaciones y fórmulas en la interpretación del Romanticismo latinoamericano. La mayoría de los críticos coinciden en que el Romanticismo fue un fenómeno no sólo estético, sino también histórico; lo consideran como etapa de la formación de la conciencia nacional.

El mundo de las naciones jóvenes llevaba en sí enormes riquezas potenciales, humanas y culturales, hasta entonces inexploradas por el arte. La encarnación artística del medio latinoamericano, la expresión del espíritu nacional se convirtieron en una necesidad apremiante de la literatura no sólo de esa época, sino también de las venideras. Los poetas románticos se sentían portavoces de sus naciones. En el cubano José María Heredia, el "primogénito del Romanticismo hispanoamericano" en la frase de Manuel Pedro González, los sufrimientos personales, su soledad, su estado de marginalidad, se presentaban como parte del drama de su patria esclavizada.

La imagen de la patria se presentaba en el conjunto de todos los elementos de su realidad. Creándola muchos escritores dirigieron la mirada a la realidad primaria que determina la existencia del hombre: la naturaleza. Un europeo ni se imagina cuán grande es el magnetismo de la naturaleza de América para sus habitantes. En ella todo es grandioso—montañas, volcanes, ríos, selvas, llanos—y todo es inigualable. "Buscad en vosotros mismos y en la naturaleza que os rodea, los rasgos de nuestra fisonomía y retratadla," decía el escritor argentino Juan María Gutiérrez, el heraldo del americanismo literario.[7] Lo importante en sus palabras es la idea de la percepción lírica y subjetiva de la naturaleza, de la cual surgen la animación de las fuerzas telúricas y el panteísmo, rasgos característicos de las letras latinoamericanas.

Llama una especial atención el hecho de que unos cuantos extranjeros que en sus viajes habían chocado con la naturaleza bárbara y majestuosa de América también sintieron su profundo impacto. En este contexto mencionaremos en primer lugar dos grandes representantes de la cultura europea del siglo XIX: René de Chateaubriand, el más destacado escritor francés de su tiempo, y Alejandro de Humboldt, el insigne viajero y filósofo alemán.

La obra del primogénito del Romanticismo francés, *Atala*, obtuvo en América Latina un éxito excepcional. Fue traducida al español a principios del siglo XIX por dos personalidades ilustres: Fray Servando Teresa de Mier y Simón Rodríguez. Y hasta los años setenta (cuando salió *Cumandá* de J. L. Mera), *Atala* despertaba un fervoroso interés constante por parte de los escritores y lectores latinoamericanos. La novela romántica francesa inspiró a Olmedo, Heredia, y Plácido. El colombiano Fernández Madrid adaptó el texto de *Atala* para el teatro, y en 1825 fue puesto en escena en Bogotá en presencia de Simón Bolívar. De hecho *Atala* se convirtió en un fenómeno de la literatura latinoamericana. Como decía el mismo autor, los lectores europeos se sentían consternados: no sabían si era un monstruo o una belleza. Pero entre los lectores latinoamericanos no cabía ninguna duda: la recibieron como algo propio. Los lectores del Viejo Mundo se sintieron molestos por el exceso emocional, por el lirismo desbordante, por la mentalidad irracional de *Atala*; pero en América Latina todo esto se aceptó como lo más natural y verdadero. La realidad del Nuevo Mundo no sólo encontró en *Atala* su encarnación literaria, sino que se transformó en todo un cosmos artístico; sus personajes mantienen un diálogo con la naturaleza, resolviendo los problemas eternos de la existencia; sus pasiones son parte de las tempestades naturales.

Así que *Atala* fue la obra que anticipó la importante tendencia telurística que se germinaba en la literatura latinoamericana y que luego va a ser una de las magistrales. Señalamos un aspecto más en relación con *Atala*. En esta obra hay un choque de dos mundos etnoculturales. El terreno donde viven los personajes es la parte de América del Norte que primordialmente fue colonizada por los españoles. La protagonista es mestiza, la hija de un español y una india. A ese drama de sangre, típico para Latinoamérica, se añade el problema de la cristianización de los aborígenes americanos. Así que *Atala* es una verdadera hija del Nuevo Mundo, uno de los ejemplos de "apropiación creadora y original de las formas ajenas" al decir del escritor ruso Iván Turgueniev. En nuestro caso: "la apropiación creadora" del europeísmo por el americanismo.

El encuentro con el Nuevo Mundo de Alejandro de Humboldt, otro gran hombre de la cultura europea, se efectuó casi al mismo tiempo. Su enorme experiencia de naturalista fue recogida en un libro de importancia científica excepcional, los *Viajes en las regiones equinocciales del Nuevo Continente*. Fue un verdadero descubridor de América, el "segundo Colón" como lo llamó Bolívar. En la personalidad de Humboldt se juntaron por un lado los dones del investigador y pensador, y por otro, los del artista y poeta. Este último aspecto de su personalidad se percibe notoriamente en los ensayos artísticos de *Los cuadros de la naturaleza*. Entre ellos hay uno que se titula "El viaje por el río Orinoco." Es un verdadero himno a la belleza y magnitud de la naturaleza de América, en contacto con la cual el hombre se nutre de una elevada emoción. Y hasta tal punto se entusiasmó por las palabras de Humboldt el poeta venezolano José Ramón Yepes que las tomó como epígrafe para uno de sus poemas. Bajo la influencia directa de Chateaubriand y Humboldt surgió el llamado "prerromanticismo franco-brasileño," movimiento artístico en Brasil, donde aparecieron los primeros atisbos de su nacionalismo literario. Más tarde el uruguayo José Enrique Rodó declaró el parentesco de las obras de Chateaubriand y Humboldt con las letras latinoamericanas en la época de sus albores.

Otro factor decisivo en la formación del espíritu nacional es la interpretación artística de la historia. Remontándose a las épocas anteriores, sobre todo al período de la conquista, los escritores se encontraron con la figura del indio. Así que se entrelazaron la imagen de la tierra americana y de sus habitantes indígenas, dando el impulso al indianismo. El hombre natural que vivía al margen de la civilización se presenta como un símbolo del pasado americano y también de la idiosincrasia etnocultural de América. No es casual que en el poema de Olmedo dedicado a Bolívar el gran emperador inca Manco Capac tiende la mano al líder de la Independencia: ambos son protagonistas claves de la historia del "continente mestizo."

Las novelas históricas se componían según los moldes europeos. En Latinoamérica la mayor influencia la ejerció Walter Scott, el padre de la novela histórica en Europa. La notamos en casi todas las obras de este género, a partir del anónimo *Jicoténcatl* (1826) hasta *Enriquillo* de Manuel de Jesús Galván, publicado en 1882.

Una tendencia más en el desarrollo de las letras latinoamericanas en el siglo pasado es el costumbrismo. Ella se manifiesta a través de todo el proceso de la evolución literaria como un rasgo constante. En la primera etapa los llamados "cuadros de costumbres" seguían las huellas de los famosos románticos, representantes de este género en España, y sobre todo, de Mariano José Larra. El costumbrismo, surgido en el seno del Romanticismo, evolucionaba paulatinamente hacia el realismo.

En la búsqueda de su propio ser, la literatura latinoamericana tenía que acudir a otras fuentes de la identidad nacional, por ejemplo, el folklore. En la obra anónima popular se encontraron los elementos importantes de la mentalidad nacional. La presencia del folklore en las letras latinoamericanas es también su rasgo típico. El contacto con la poesía popular correspondía no sólo al programa estético de los románticos, sino al deseo de la literatura latinoamericana de su autoafirmación nacional.

El proceso de la formación de las letras latinoamericanas en el siglo XIX nos demuestra claramente la interacción de las tendencias ideológicas y artísticas del americanismo y europeísmo, demuestra el papel de la sensibilidad romántica en el proceso de la autocomprensión, autodeterminación, como movimiento magistral en el pensamiento socioliterario de América Latina.

Con el advenimiento a fines del siglo XIX de una nueva época histórica, el Romanticismo tuvo que retroceder, dejando paso al Modernismo. En las nuevas condiciones socioculturales el americanismo literario recibió nuevas orientaciones estéticas.

NOTAS

1. Pedro Henríquez Ureña, *Obra crítica* (México: Fondo de Cultura Económica, 1960), pp. 239–330.

2. Esteban Echeverría, *Dogma socialista, Obras completas*, 1ª ed., (Buenos Aires: Antonio Zámora, 1851), vol. IV, p. 128.

3. Andrés Bello, "Autonomía cultural de América" en *Bello*, ed. Gabriel Méndez Plancarte (México: Secretaría de Educación Pública, 1943), p. 34.

4. Yuri Lotman y Boris Uspensky, "Rol dualniy modelly v dinamike russkoy kul'ture" ['El rol de los modelos duales en la dinámica de la cultura rusa']. Tartu: Universidad de Tartu, 1977. Una versión inglesa de este ensayo se incluye en el volumen *The Semiotics of Russian Culture*, ed. Ann Shukman (Ann Arbor: University of Michigan Department of Slavic Languages and Literatures, 1984), pp. 3–35.

5. José Victorino Lastarria, *Lastarria*, ed. Luis Enrique Délano (México: Secretaría de Educación Pública, 1944), p. 18.

6. Leopoldo Zea, *El pensamiento latinoamericano* (México: Editorial Pormaca, 1965), vol. I, p. 53.

7. *Revista de la Universidad de Buenos Aires* 4 (1959).

PEGGY SHARPE VALADARES

La mujer brasileña y la reforma social en el
Opúsculo humanitário de Nísia Floresta

¿Qué quiere decir "escribir como mujer?" ¿Puede ser definido un texto por el sexo de su autor? ¿Puede ser radicalmente definido un texto por su feminidad? En un experimento con la intención del autor de un texto anónimo, Peggy Kamuf advierte al lector contra el conceptualizar la escritura femenina como un texto firmado por una mujer, por la razón obvia de que esta suposición le llevará al crítico, inevitablemente, por la senda de un círculo tautológico. En lugar de esto, Kamuf indica la necesidad del crítico feminista de ejecutar una lectura "ciega," de considerar la teoría y práctica de escribir como mujer como una "palanca crítica con la cual se puede desplazar el peso imponderable del patriarcado."[1] Es solamente en este caso que una lectura "feminista" puede definirse como un "modo de leer textos que apunta a las máscaras de la verdad con las que el falocentrismo esconde su ficción . . . ."[2]

Pero, ¿qué hemos de decir de un texto que, evidentemente, está escrito por una mujer, desde una perspectiva feminista, y que además propone el asunto de la identidad de la mujer como su tema literario? En otras palabras, ¿de un texto que intenta redefinir a la mujer a la luz de la experiencia vivida como mujer? La colección de ensayos de Nísia Floresta, *Opúsculo humanitário*, inspirada por la *falta* de deseo de corroborar el patriarcado, se identifica desde su comienzo como texto escrito por una mujer, para y por las mujeres, al mismo tiempo que es dirigido a todo Brasil.

Un caso notorio de la omisión selectiva de escritoras del canon literario brasileño es el nombre de Nísia Floresta Brasileira Augusta (1810–1885). Conocida alguna vez como precursora del movimiento feminista moderno del Brasil, Nísia Floresta también hizo grandes contribuciones político-sociológicas y literarias como educadora y como escritora, que han sido reconocidas por los críticos solamente de manera superficial. Sin embargo, la especificidad del discurso feminista de Nísia Floresta resulta tanto de su erudición como de su experiencia de mujer en un mundo de hombres, en el cual penetra la realidad social enfocada desde la experiencia histórica de la subjetividad femenina. En este sentido, la obra de Nísia Floresta es ejemplo de una extraordinaria contribución literaria al proyecto de descubrir la historia de la mujer, porque como fuente ella se representa a sí misma y no a la más general de las actitudes femeninas y, por lo tanto, no se la puede considerar como típica de su época. Un escrutinio más cuidadoso de su obra, tanto la que produjo como teórica pedagógica y escritora como la de mujer que trabajaba y escribía dentro de la tradición del feminismo liberal, revelará su significación como figura revolucionaria en la sociedad brasileña del siglo XIX así también como su importancia como precursora del movimiento feminista moderno del Brasil. La obra de Nísia Floresta está caracterizada por una amalgama de ideas originadas en fuentes de la ilustración, del Romanticismo, del positivismo y del utilitarismo. En este trabajo me propongo examinar con cuidado una obra temprana de la autora, *Opúsculo humanitário*, de 1853, con vistas a iluminar y describir aquella amalgama y a observar cómo funciona como principio organizador en su obra.

En su breve historia del feminismo brasileño, Socorro Trindad, la cuentista y poeta norte-riograndense, identifica como la primera feminista a Clara Camarão, india potiguari del siglo XVI que, según la leyenda, tomó armas y acaudilló a otras indias en combate contra los holandeses para proteger a su pueblo y su tierra. Durante las batallas Clara siempre estaba al frente del escuadrón de indias, inspirando a sus partidarias heroicos hechos de armas. "Clara, empuñando siempre su espada invencible, logró hechos memorables para su sexo, y como consecuencia superó innumerables tabúes y prejuicios de la época, lo cual nos lleva a considerarla, en ciertos aspectos, también una feminista."[3] Dos siglos después, a Clara la sigue una segunda "guerrera," Nísia Floresta, pseudónimo de Dionísia Pinto Lisbôa, cuya contribución a las letras brasileñas y a la historia intelectual la hace la segunda feminista brasileña. Sin embargo, Nísia Floresta no es una mera figura legendaria: fue la primera mujer brasileña que publicó y diseminó sus ideas revolucionarias, tanto en el Brasil como en Europa, en tres lenguas: portugués, francés e italiano.

En su reciente bosquejo biográfico de la vida y obra de la autora, Trindad reenfoca la atención sobre las olvidadas actividades de Nísia Floresta. Es notable la omisión de su nombre y de información sobre su participación en la vida literaria e intelectual del Brasil del siglo XIX. A excepción de alguna que otra nota en ciertas historias literarias o en obras de consulta sobre la historia intelectual brasileña, ha sido casi completamente olvidada.[4]

El libro de Trindad, *Feminino, Feminino* "surge como grito al silencio que se le ha hecho durante más de un siglo a Nísia Floresta, cuyo valor la llevó a rebelarse contra todos los prejuicios y subyugaciones impuestas al pueblo y, en particular, al sexo femenino, en una época en que la mujer era una verdadera prisionera del hogar, trabada en los grillos del padre, del marido, y del hermano."[5] Nísia Floresta es la forma abreviada de Nísia Floresta Brasileira Augusta, pseudónimo compuesto de los siguientes elementos: Nísia, la terminación del nombre Dionísia; Floresta, lugar de nacimiento de la autora en Rio Grande del Norte; Brasileira honra la nacionalidad de una mujer que vivió veintiocho años de su vida en Europa; y Augusta en memoria de su segundo marido, Manuel Augusto de Faria Rocha, que murió de repente en 1833 a los veinticinco años, poco después del nacimiento del segundo hijo de la pareja.

No debe sorprendernos que esta temprana feminista brasileña descubriera y tradujera el tratado feminista principal de su época, *Una Reivindicación de los Derechos de la Mujer* de Mary Wollstonecraft. Publicada originalmente en Londres en 1792, esta obra planteó la idea de que la verdadera libertad exige la igualdad de las mujeres y los hombres. Wollstonecraft respondió al argumento de Rousseau, que había insistido que las mujeres educadas perderían su dominio natural sobre los hombres. Replica la escritora inglesa: "Esto es justamente el punto al que me dirijo: no quiero que tengan poder sobre los hombres, sino sobre sí mismas."[6] Este es el pasaje clave de la obra de Wollstonecraft: implica que las miserias y los defectos propios de la mujer surgieron de su dependencia de los hombres y que la educación representaba un paso hacia la independencia. La solución de Wollstonecraft fue habilitar a todas las mujeres a salir al mundo, proporcionarles la oportunidad de ganar la dignidad personal por medio del desarrollo del intelecto para llegar a ser hijas más cumplidoras, hermanas más cariñosas, esposas más fieles, madres más razonables, y mejores ciudadanas. En fin, su propósito fue crear un nuevo sujeto social: la mujer que se constituye a sí misma, como algo por realizarse.

Floresta no tradujo de la versión inglesa original sino de una edición francesa, y sacó su traducción al portugués de las ideas de Wollstonecraft en Recife en 1832. Dos ediciones posteriores de su *Direitos de Mulher* [*Derechos de Mujer*] aparecieron en 1833 y 1839. Aunque la traducción de Nísia Floresta parece haber tenido poco o ningún impacto en la escena intelectual brasileña, es importante establecer su logro significativo en la diseminación de las ideas de Wollstonecraft en el mundo de habla portuguesa. Además, la afiliación intelectual de Floresta con las ideas utilitaristas abogadas por Wollstonecraft y desarrolladas ms tarde por John Stuart Mill la ubica precisamente dentro de la tradición del feminismo liberal. Paradójicamente, su formación intelectual la recibió a través de la tradición de los filósofos franceses de la Ilustración como Rousseau, Fénélon, Montesquieu, y Toqueville. Además, y algo después en su vida, su familiaridad y amistad íntima con el filósofo y sociólogo francés, Auguste Comte, complica aún más la multitud de influencias y tradiciones intelectuales subyacentes en la obra de Floresta. Esta tensión se convierte en la característica predominante de la clase particular del feminismo de Nísia Floresta, siempre presente y fértil, y, sin embargo, difícil de reconciliar. Encajonada en un emotivo lenguaje romántico, esta tensión es visible principalmente en *Opúsculo humanitário*, su libro de ensayos pedagógicos que se tratará en este trabajo.[7]

Con la traducción de las ideas de Mary Wollstonecraft, apenas había empezado el trabajo revolucionario de Nísia Floresta. Se lanzó a la carrera de autora y educadora, y durante diecisiete años fue directora de un colegio de señoritas, El Colegio Augusto, cuyo programa de estudios incluía el latín, la caligrafía, la historia, la geografía, la religión, las matemáticas, el portugués, el francés, el italiano, el inglés, la música, el baile, el piano, el dibujo, y la costura. Empleó métodos nuevos de enseñanza desconocidos por los educadores brasileños de aquella época, pero que hoy día serían considerados innovadores y pedagógicamente sólidos.

Uno de tales procedimientos fue el *método directo* de enseñar las lenguas extranjeras. La connotación de la palabra "directo" significaba que la segunda lengua fue el vehículo de comunicación para todas las demás materias incluidas en el programa de estudios. Por ejemplo, en El Colegio Augusto, Floresta enseñaba en francés las matemáticas, la música, el dibujo, y todas las otras materias, y así enseñaba a ser bilingües a sus alumnas. Hoy día se usa esta metodología en los colegios progresivos por todas partes de los Estados Unidos y también en el extranjero, y los llamados "programas de inmersión" son muy aclamados por sus resultados superiores.

Floresta demostró su seriedad como pedagoga por medio de su crítica del ambiente educacional del Río de Janeiro de la época. Se opuso a la comercialización de la educación brasileña por individuos incompetentes que con frecuencia establecieron escuelas de moda que ofrecían poca substancia educativa. Para Floresta la responsabilidad del educador era una misión seria que debería ser encomendada solamente a los más calificados. Se reflejan estos sentimientos de Floresta en un artículo periodístico anónimo en el que se discute el problema de la responsabilidad de los padres: "Al confiar a una hija a un colegio, el padre debe tener los mismos recelos que después de entregarla a un mal esposo. Admiramos la facilidad con que entre nosotros se confía en la moralidad anunciada en un aviso más o menos pomposo, de quien abre un colegio, y sin más examen se le entrega la educación de una niña . . . ."[8]

Aún más peligrosa, al parecer de Floresta, era la amenaza que representaban los extranjeros con títulos académicos superiores que abandonaban sus países de origen para abrir colegios en el Brasil, ya que éstos fueron abrazados por una sociedad enamorada de cualquier cosa extranjera, a pesar de su calidad. La educación de las mujeres en el Brasil de principios del siglo XIX estaba organizada alrededor de la dicotomía europea entre la instrucción y la educación. A los hombres se les instruía para desarrollar el intelecto, y a las mujeres se les educaba para asegurar la formación del carácter. No se consideraba el desarrollo intelectual de las muchachas como beneficio en sí mismo ni como medio de realización de la personalidad individual. El propósito principal de la educación de la mujer fue conservar la pureza sexual y enseñar el comportamiento social correcto.

En contraste, Floresta formaba un concepto de su colegio como una institución seria para la instrucción académica de las mujeres en un período en el cual el programa de estudios para ella en la mayoría de los colegios se enfocaba en la costura y los buenos modales. Aunque pocos, los artículos periodísticos que alababan su competencia intelectual y los logros de sus alumnas fueron lo suficientemente frecuentes para que tanto el colegio como su directora fueran objetos de las calumnias de parte de los competidores extranjeros de la autora. Porque osó hablar en protesta, porque se representó a sí misma, los competidores de Floresta le acusaron de adoptar una posición considerada masculina:

> Las audacias de la directora, su carácter *sui juris*, sus ideas ya conocidas en pro de la rehabilitación de la mujer, causaron malestar entre las rivales asustadas, y entre los catones que aborrecían a aquella mujer que se comportaba como un hombre, pregonando la emancipación de su sexo, batiéndose por la extinción de la odiosa tiranía masculina, escribiendo en los diarios, estigmatizando a los dueños de esclavos, y afrontando impávidamente seculares prejuicios.[9]

Tales críticas fueron indicadoras de la ideología dominante respecto del lugar de la mujer en la sociedad.

Los comentarios desfavorables acerca del colegio y de su programa de estudios progresivo también iban acompañados de ataques calumniosos a la vida personal de Floresta. Su mera presencia en la sociedad de Río de Janeiro provocó la publicación de artículos que aludían a enredos amorosos tanto con amantes masculinos como con sus alumnas. Su decisión en 1849 de abandonar Río de Janeiro y de

establecer su residencia en Europa fue resultado directo de estos incidentes. Sin embargo, El Colegio Augusto, que había abierto sus puertas once años antes, no se cerró con la partida de su directora. Se quedó
abierta la escuela hasta 1856, cuando un aviso en el *Almanaque Laemmert* anunció que Livia Augusta de Faria Rocha, la hija de Nísia Floresta
y ex-graduada del colegio, había sido nombrada directora nueva. Aunque Nísia volvió a vivir en el Brasil dos veces, de 1852 a 1856, y de
nuevo de 1872 a 1875, no hay evidencia de que reasumiera la dirección
del colegio durante estos períodos.

Durante su larga residencia en Europa, Floresta se quedó comprometida con los problemas educacionales y con frecuencia expresó su
admiración por las técnicas pedagógicas europeas. Al observar la escena
idílica de una maestra alemana con su grupo de niños en un parque,
salidos a lo que hoy día se llamaría una excursión científico-escolar,
Floresta recuerda nostálgicamente sus propias experiencias frustrantes,
contrastándolas con el método progresivo que estaba presenciando. La
educadora brasileña sintió que su propio corazón y espíritu

> se armonizaban para instruir a la mocedad: yo apenas me limitaba a
> suministrar lecciones entre las paredes de un establecimiento, y en un
> país donde todavía no se comprende todo el alcance de una educación
> general, que forma, simultáneamente, lo moral y lo físico; al paso que
> la mujer que estaba allí delante de mí, instruía, caminando, a sus alumnos,
> cuyos padres saben apreciar las ventajas de este método, que hará reír
> a los espíritus todavía atrasados.[10]

De sus escritos sobre la práxis de la educación brasileña, publicados
en el Brasil y en Europa, es evidente que la enseñanza era una vocación
para la autora, por su capacidad de cambiar, concreta y materialmente,
por medio de la conciencia, la vida de las mujeres. Sus tratados dedicados a la educación femenina hablan de la ausencia de la mujer en
el mundo aún ante su presencia, y del problema de que la educación
femenina está determinada por los hombres para no ir en contra de
los intereses de la sociedad en general. En este espíritu Floresta publicó
Opúsculo humanitário en 1853, una colección de sesenta y dos artículos
sobre la educación de las mujeres, en los que reclama la rehabilitación
moral e intelectual de sus hermanas, la cual deberá llevarse a cabo por
medio de una reestructuración educacional de las mujeres.

Nísia Floresta fue profundamente influenciada por cuatro filosofías
políticas en boga a mediados del siglo XIX y por las implicaciones de
esas filosofías, a saber: la filosofía de la Ilustración y del Romanticismo,
el positivismo, y el utilitarismo. Rousseau, representante de la filosofía
ilustrada que influyó más tarde en el pensamiento romántico, estaba

preocupado por la igualdad de los derechos en su modelo de la ciudadanía. Sin embargo, también estaba claramente desinteresado en crear un espacio para las mujeres para que participaran en la esfera pública.[11] Evolucionando, a su vez, de la filosofía ilustrada, la perspectiva del ideal romántico de la feminidad independiente vio en los poderes del amor un paradigma para la reforma sociopolítica. Según los románticos, la reforma de la sociedad empezaría en los centros de la vida privada. De las buenas relaciones interpersonales en que los individuos habían alcanzado una nueva comprensión de sí mismos, los cambios se difundirían hacia fuera hasta llegar a la sociedad en general.[12] Por consiguiente, la idea de que la mujer asumiera una postura política activa no fue tenida en alta estima dentro de la jerarquía de valores románticos. La esfera política sólo volvería a ser objeto de interés más tarde, con el desarrollo del Utilitarismo.

Antes del advenimiento del utilitarismo, entre 1820 y 1826, habían aparecido los *Opuscules* de Auguste Comte, que representan la primera etapa de sus obras principales. Es improbable que sea mera coincidencia la repetición del término "opúsculo" en el título del *Opúsculo humanitário* de Floresta. De hecho, ya para 1851 se había establecido la familiaridad de Floresta con Comte cuando, durante su primera permanencia de tres años en París, había asistido a una de sus conferencias sobre "La historia general de la humanidad." Al volver Floresta a Europa en 1856, le regaló a Comte un ejemplar de su *Opúsculo humanitário* que se había publicado en Río de Janeiro en 1853. En una carta a Pierre Lafitte, fechada el 30 de septiembre de 1856, Comte expresó sus impresiones del libro:

> Al quedarme completamente libre, hice las lecturas excepcionales que le había prometido espontáneamente a la autora. El *Opúsculo* en portugués, además de revelarme que conocía indirectamente una lengua más, me inspiró sólidas razones para esperar que la noble dama se convirtiera, dentro de poco, en una digna positivista susceptible de alta eficacia para nuestra propaganda femenina y meridional.[13]

Aunque Floresta realizó las esperanzas de Comte en cuanto a la diseminación de sus doctrinas en el Brasil, sólo más tarde en su carrera llegaría a estar plenamente bajo el dominio del pensamiento comtiano. Sus obras tempranas sugieren que ya se inclinaba a esta tendencia, pero todavía estaban teñidas de corrientes filosóficas anteriores.

Los *Opúsculos* de Comte, una descripción y análisis de un momento de la historia europea, concluyen que ni la revolución ni la ciencia podría efectuar la reorganización de la sociedad. Estos cambios más profundos ocurrirían solamente por medio de una síntesis de las ciencias y la creación de una política positiva.[14] Comte vio la difusión del pensamiento científico y la actividad industrial como una contradicción del pensamiento teológico y militar del pasado, y la única manera de terminar la crisis, según él, era crear un nuevo orden social que valorizara el pensamiento científico. Luego formuló un sistema de ideas científicas que presidirían la reorganización de la sociedad.

Acerca de ésta, las ideas de Comte ponen énfasis en la igualdad de las relaciones familiares: una relación de veneración entre los hijos y los padres, y una compleja relación de autoridad u obediencia entre el esposo y la esposa. Sin embargo, dice Comte, la autoridad del hombre es inferior, porque es una actividad intelectual mientras que el poder espiritual de la mujer, al parecer inferior, es esencial para la familia y, por lo tanto, mucho más noble. De acuerdo con esta estructura familiar, el lugar de la mujer como esposa sumisa y como madre cumplidora, le permite alcanzar un estado de superioridad moral; el cultivo de esta posición de la mujer dentro de la familia se desenvolvió hasta llegar a ser, con el tiempo, una religión positivista que celebraba la virtud de la mujer. Esta visión de la igualdad está basada en la diferenciación de las funciones y de las naturalezas. Raymond Aron observa que en " . . . la familia, son los hombres los que tienen la experiencia de la continuidad histórica, los que descubren qué es la condición de la civilización, los que controlan la transmisión de la civilización de una generación en otra."[15]

Por otra parte, la visión utilitarista de los derechos políticos iguales, tales como las expusieron Wollstonecraft, Mill, y Bentham, enfatizó el concepto de que las diferencias entre los sexos no son naturales sino sociales, y por lo tanto, están sometidos al cambio por la reforma de la sociedad. Intimamente asociada con este punto de vista es la conciencia, por parte de los utilitaristas, de que las mujeres no podrían realizar sus capacidades en las íntimas relaciones personales mientras no se reconocieran como personas iguales en la esfera pública.[16]

La perspectiva de Floresta sobre las mujeres y sobre la posible reforma de la sociedad brasileña parecen asimilar, de modo ecléctico, elementos de estas cuatro corrientes de pensamiento apenas brevemente bosquejados aquí. Aunque partes de las cuatro son visibles en una forma u otra en la mayoría de las obras de Floresta, su obra temprana que nos interesa aquí refleja una tensión básica entre dos de las filosofías. Por una parte, Floresta era prisionera de ciertos modos tradicionales de pensar en la mujer que había heredado de la Ilustración y del Romanticismo; por otra parte, estaba tratando de liberarse de estos paradigmas más tradicionales abrazando las nuevas filosofías más liberales que venían penetrando el ambiente a mediados del siglo XIX.

El padre del positivismo mismo percibió esta ambigüedad y este conflicto en el propio centro del ser de la autora. En una carta al Dr.
Audiffrent, fechada el 29 de marzo de 1857, Comte observa esta tensión
al comentar la conveniencia de Floresta y de su hija de veintidós años
como posibles discípulas de su doctrina y como participantes potenciales del salón positivista que él espera establecer dentro de poco.

> Ambas son eminentes de corazón y suficientes en cuanto al espíritu.
> La madre está de tal modo imbuída en los hábitos del siglo XVIII, que
> poco debemos esperar de la plenitud de su conversión, aunque sus sim-
> patías remonten a mi curso de 1851, cuya influencia ella no pudo, en-
> tretanto, recibir si no a través de una única sesión . . . . Su hija, sin em-
> bargo, aceptará una incorporación completa, que la madre secundará sin
> rivalidad disfrazada.[17]

Esta tensión en la obra de Floresta, percibida por el maestro francés,
se quedaría con ella mientras evolucionaba hacia una aceptación más
completa de las doctrinas filosóficas liberales comtianas.

Según la crítica de las epistemologías occidentales de Alison Jaggar,
los fundamentales valores morales de la filosofía liberal están predi-
cados en la suposición de que todos los individuos tienen una poten-
cialidad igual para la razón.[18] Esta declaración al parecer sencilla no
parece polémica desde nuestra perspectiva contemporánea del siglo
XX. Sin embargo, este concepto sí que fue revolucionario en la época
de Floresta si consideramos que se dio por descontada la falta de habilidad para razonar por parte de las mujeres. Esta noción se remonta
en la filosofía occidental a la idea de Aristóteles de que las mujeres
son seres humanos incompletos y dañados que pertenecen a otro orden
completamente distinto al de los hombres. Por eso, la subordinación
de la mujer había llegado a considerarse natural, y por consiguiente,
invisible; es precisamente este concepto emparejado con la desvalo-
ración de las mujeres en relación con lo divino lo que constituye la
metáfora fundamental en la que se erigió la civilización occidental.[19]
Según la tradición establecida por el pensamiento occidental, los pre-
supuestos básicos respecto de la mujer están contenidos dentro de las
cuatro declaraciones siguientes: primero, la naturaleza biológica femenina dicta y justifica su falta de categoría; segundo, la naturaleza
psicológica femenina es mansa, sumisa, emocional, e irracional; tercero,
la mujer debe estar confinada al hogar y a la casa; y cuarto, la mujer
sirve para criar a ciudadanos pero no para ser ciudadana ella misma.[20]
Por lo tanto, fue deveras revolucionaria en la época de Floresta la idea
inherente en la filosofía liberal de que todos los seres humanos son
entes racionales a pesar del sexo.

Los análisis de Floresta se dirigen a las preocupaciones por el potencial y por la utilidad de la mujer en la sociedad, principalmente con respecto a la reformulación de la conciencia nacional, en la cual la autonomía tendría más valor. Del positivismo y del utilitarismo provinieron ciertas corrientes de pensamiento que Floresta incorporó a su crítica: por ejemplo, la idea de la utilidad, el concepto de ser la naturaleza femenina igual a la del hombre, de la actuación de la mujer en la esfera pública, y de la idea de desarrollar y aprovechar la habilidad intelectual de la mujer para edificar una sociedad mejor y fortalecer las relaciones familiares.

En realidad, tales ideas forman la base ideológica, la misma fundación estructural de los cambios propuestos para la sociedad brasileña que se exponen en el *Opúsculo humanitário*. Por consiguiente, Floresta era considerada por sus críticos conservadores brasileños como abolicionista, republicana, indianista y feminista. Al refutar estos ataques casi un siglo después, Adauto da Câmara identifica los verdaderos objetivos de la autora: "Floresta tenía el mérito de ser desinteresada en su feminismo: no tenía empleos a la vista, no buscaba prestigio político ni privilegios para sus parientes: no se batía por la elevación social de la mujer como pretexto para hacerse notar, para obtener suculentas comisiones en Europa, o puesto de diputada. Era verdaderamente un idealismo sano que la inspiraba a la lucha por la educación de la mujer y por la extinción de su inferioridad."[21] Como observa este crítico, en vez de su engrandecimiento personal, Nísia estaba sinceramente interesada en aportar ideas para reformas sociales comprensivas las cuales valorizarían los derechos individuales y la autonomía basados en la suposición filosófica de que el sexo fue una mera construcción cultural y que la mujer y el hombre compartían la misma naturaleza humana.

La educación como solución al problema del sexo como una construcción, o un aporte cultura, es el enfoque de interés principal de Floresta en *Opúsculo humanitário*. Los sesenta y dos ensayos que integran este volumen fueron publicados originalmente como artículos en el *Diario de Río de Janeiro* y en *El Liberal*, un diario político editado por Silva Lima.[22] Aunque el libro no revela ninguna división estructural externa, sí tiene una organización temática interna que se construye alrededor de los siguientes temas: las condiciones universales de la mujer a través de la historia, la superioridad de la educación de la mujer europea, la situación de la mujer en el Brasil, recomendaciones para cambiar ésta, y, finalmente, una expresión de esperanza para el futuro.

Los diecisiete primeros ensayos de *Opúsculo humanitário* trazan la
evolución de las condiciones femeninas desde los tiempos más remotos
en Egipto, Persia, India, Babilonia, Grecia, y Roma hasta el siglo XIX
en Alemania, Francia, Inglaterra, y los Estados Unidos. Luego Floresta
considera el lugar de la mujer en la sociedad. Vio a las mujeres europeas
como útiles miembros de la sociedad, como magníficas educadoras de
los jóvenes, tanto en la casa como en las escuelas, así como compañeras
inteligentes de sus maridos. En contraste, las mujeres brasileñas no
pueden compararse, ni en la fortaleza de carácter ni en la moralidad,
con sus hermanas europeas y norteamericanas, porque eran víctimas
del prejuicio y la opresión, de una existencia enclaustrada, del anal-
fabetismo, y no servían sino para la procreación. Reveladoras de las
actitudes prevalecientes de la época son estas palabras de un ex-gober-
nador de la provincia de Minas Gerais: "Debe enseñárseles a las muchachas todo cuanto conviene que sepa una mujer, que ha de ser criada
de sí misma y de su marido" (p. 86).

Después de denunciar estas condiciones imperantes de la brasileña,
Floresta procede a las recomendaciones. Una reforma educacional com-
prensiva, tanto en el sector privado como el público, es el *sine qua non*
para la reestructuración de la sociedad brasileña. Aquí recordamos la
opinión de Comte de que la reforma intelectual es prerequisito de la
reforma social. De acuerdo con Comte, Floresta insiste: "Es a partir de
esta experiencia, que llegamos a la conclusión de que, en el Brasil no
se podrá educar bien a la mocedad mientras el sistema de nuestra
educación, sea la doméstica o la pública no sea radicalmente refor-
mada" (p. 121). Floresta reconoce que la opresión de la mujer es creada
por los hombres para su propio provecho y que luego la usan para que
se refuerce y se perpetúe. En otras palabras, a las mujeres se les niega
el acceso a la educación y luego se las excluye de la participación en
la esfera pública debido a su falta de educación. La justificación de tal
opresión proviene de la tradición de la filosofía antigua, que caracteriza
a la mujer como particularista, emocional, e intuitiva, al contrario del
hombre que se consideraba universal, racional, y reflexivo. A la mujer
se la relega del lado negativo de esta dicotomía, ya que es esclava de
sus emociones, naturalmente sumisa y servil.

Como Floresta consideró la cultura y las sociedades del norte de
Europa como superiores a sus contrapartes brasileñas, abogó por el
estudio y la emulación de aquellas culturas y de las costumbres de sus
mujeres:

> Copiemos sobre todo la educación, que en aquellos países se da a la
> mocedad; imitemos principalmente a los ingleses con respecto a la re-
> ligión y a la ley; a los alemanes en el hábito de pensar y en el empeño

de elevarse encima de todos los pueblos por el estudio y por la reflexión; a los franceses en su espíritu inventor y en sus generosas inspiraciones civilizadoras; a todos en el gusto por el trabajo y en el deseo siempre progresivo de engrandecerse por su ingenio y actividad. (p.108)

Floresta admira especialmente a las inglesas por su espíritu de orden, por su convicción de los derechos individuales, y por la inclusión de la mujer en su propia definición de la individualidad. Al parecer de Floresta, las inglesas son aún más distinguidas que las mujeres de otros países europeos porque "grabándosele en su espíritu, casi luego al salir de la cuna, la conciencia de su propia dignidad, ellas comprenden desde muy temprano, la nobleza del sexo al que pertenecen, la importancia del cumplimiento de sus deberes" (p.22). Los brasileños habían heredado de los portugueses la costumbre mora de poner bajo llave a las mujeres, de rodearlas con esclavos, y de abandonarlas en la ociosidad y la ignorancia. Pero las inglesas jamás tuvieron que ser vigiladas por costumbre en la ausencia de los padres y los esposos. Por lo tanto, como señala la autora, el componente religioso-moral de la educación también es distinto porque brinda a la mujer la oportunidad de respirar la atmósfera de la sinceridad, la libertad, y la independencia que caracterizan el espíritu de la nación británica en general.

Un panorama breve de las condiciones generales de la educación brasileña en la época en que Floresta desempeñaba sus actividades pedagógicas iluminará algunas de las razones que llevaron a la autora a aportar ideas sobre la reforma educacional. Por ejemplo, bajo el artículo XXXII de la Constitución Nacional de 1823, se les garantizó a todos los ciudadanos la educación primaria pública. En realidad, "todos los ciudadanos" se refería a los hijos, y no a las hijas, de los hombres libres. Heleieth Saffiotti señala que había un proyecto de ley que otorgaba una recomendación por servicio distinguido a la nación y una condecoración con la Orden Imperial de la Cruz para el ciudadano que presentara "el mayor tratado sobre la cultura y la educación física, moral, e intelectual de la mocedad brasileña"; en base de la propuesta de uno de los delegados, el proyecto de ley se enmendó para leerse, "la mocedad brasileña *de ambos sexos*."[23] Sin embargo, antes de que se aprobara el proyecto de ley, se suprimió la adición de la frase liberal que habría incluido a las mujeres, y la efectiva Constitución de 1924 declara que "la educación primaria es gratis para todos los ciudadanos." El grupo legislativo de 1826 estaba encargado de redactar, discutir, y aprobar proyectos de ley respecto de la educación nacional. El proyecto de ley que trataba la organización de la educación primaria pública bajo el Imperio, y que fue firmado por varios diputados, declara lo siguiente:

En todas las ciudades, pueblos, y aldeas del imperio habrá colegios
primarios para la enseñanza de la lectura y escritura. Se les nombrará a
maestras que serán certificadas por examen en la manera indicada arriba
para las ciudades, pueblos y aldeas más populosos donde el presidente
de la provincia, con consejo justo, juzgue necesario tal establecimiento,
y estas maestras serán mujeres que, por su pureza de espíritu, juicio
sabio, y conocimiento se han mostrado dignas de ejercer tal instrucción,
que también incluirá la costura y el bordado.[24]

Una ley de 1827 que les garantizaba a las mujeres el derecho de la
educación hizo época, pero también se hizo instrumento de discrimi-
nación. Esta ley introdujo programas de estudio distintos para los colegios primarios de varones, y limitó la enseñanza de la aritmética a las
mujeres a las cuatro funciones u operaciones, excluyendo también la
enseñanza de la geometría. Aunque se les pagaban salarios iguales a
maestros y maestras, el criterio para la diferencia de sueldos estaba
basado en la enseñanza de la geometría, de manera que en realidad
las maestras ganaban menos.[25] Además, sólo se permitió a las mujeres
una educación primaria, y esto solamente en las escuelas "pedagógicas," o sea, las que incluían cuatro años de estudio, mientras que los
niveles de educación más altos (*liceu*, *ginásiu*, y *colégio*) estaban re-
servados para los varones. El programa de estudios de los colegios de
mujeres siguió haciendo hincapié en la costura en lugar de la instrucción académica y, los padres solían retirar a las hijas del colegio en
cuanto se adiestraban en las habilidades de la costura para evitar que
aprendieran la lectura, la escritura, y la aritmética. Esta ley de 1827
tenía importancia por otra razón: propuso que se centralizara la educación para asegurar resultados uniformes y universales. Sin embargo,
la enmienda constitucional de 1834 confirió a las asambleas provin-
ciales el poder de legislar la educación pública primaria, y dejó al
gobierno central la responsabilidad de la secundaria y universitaria.
Para las mujeres el resultado de esta acción sería desastroso. Como
señala Saffiotti, a causa de la aprobación de esta enmienda, "se le dio
mayor importancia a la educación superior que a las materias de que
dependió el desarrollo socioeconómico. A partir de entonces, la formación del clima intelectual y la perspectiva mental estaba en manos
de las provincias, y se le quedó al gobierno central el trabajo de preo-
cuparse por aquellas áreas de la educación en las que hubiera sido más
eficaz la diversidad regional."[26]

Un indicio de la poca importancia que se le daba a la educación de
las mujeres es el hecho de que de los 55.500 jóvenes que se estaban
educando en el Brasil en 1852, cuando Floresta se aproximaba a la
publicación de su *Opúsculo humanitário*, solamente 8.443 eran mujeres.

Tal situación en escala nacional se refleja también en las estadísticas regionales. Las cifras de una sola área, el estado de Minas Gerais, región de una población relativamente educada, revelan la existencia de un total de 209 colegios primarios, de los cuales solamente 24 eran escuelas de muchachas (p. 85), y las condiciones de tales instituciones eran de lo más precarias. Las maestras, quienes eran el personal necesario en los colegios de muchachas, tenían un nivel de preparación muy bajo, y, según Floresta, el programa de estudios de tales escuelas estaba enfocado, literalmente, en "el arte de la seducción" y en "los deberes domésticos." Dentro de este contexto cultural, la aparición de un libro de ensayos como *Opúsculo humanitário* en 1852 representó una manera de dirigirse a las insuficiencias del sistema entero de la educación brasileña.

En tanto que la educación brasileña era completamente deficiente en los principios, Floresta creyó que el componente religioso-moral del sistema inglés contenía los principios fundamentales sobre los que debería ser construída la reforma educacional del Brasil. Si la religión y la moralidad fueran el foco de la educación, las mujeres serían instruídas en el desarrollo de la verdadera virtud desde una edad temprana. La educación religioso-moral vista así es una cadena indestructible que vincula la mujer a sus deberes. Floresta compara a la mujer sin religión con una hermosa flor con un olor repugnante, una flor que solamente se podría admirar desde lejos. La religión refuerza las naturales cualidades femeninas; sostiene y consuela a la mujer en las circunstancias más difíciles de su vida; es una brújula invariable que le indica sus deberes y la lleva a su cumplimiento. Desgraciadamente, la educación religiosa, tal como se llevaba a cabo en el Brasil de la época, también es atacada por la autora. La moralidad relajada del clero brasileño, su comportamiento depravado, y sus costumbres perezosas son representativos del estado general de la decadencia vista en el Brasil de la mitad del siglo XIX.

Uno de los objetivos de una educación religioso-moral superior fue enseñar a las mujeres a instruir a los niños y a asumir sus deberes maternos naturales. Floresta cree que ésta es la contribución principal de la mujer a la esfera privada, especialmente a la luz de las condiciones deplorables encontradas en las escuelas de la época: "Una madre bien educada y suficientemente instruida para dirigir la educación de su hija obtendrá siempre mayores ventajas, aplicándose con cierta abnegación enseñándole a imitar el sentimiento de su propia dignidad, que cualquier directora no lograría obtener de sus alumnas" (p. 97).

Pero sería erróneo pensar que la plataforma de Floresta era solamente para el beneficio de las mujeres de la clase alta. También se dirige la autora a las preocupaciones y a las inquietudes de la mujer de la clase obrera, de la creciente clase media, de la esclava africana, así como de la india: "Es en favor de todas las mujeres brasileñas, que escribimos, y su general prosperidad el objetivo de nuestros anhelos, cuando los elementos de esa prosperidad se hallan todavía tan confusamente enmarañados en el laberinto de inveteradas costumbres y arriesgadas innovaciones" (p. 144).

La autora observa la condición de la mujer de la clase obrera que es verdaderamente oprimida debido a su falta de todo acceso a la educación lo cual resulta en su desventaja en el mercado de trabajo. Floresta ve el crecimiento de la clase obrera como un paso importante hacia la independencia femenina: "Si se instituyera una clase pública de obreras en toda suerte de trabajos, se les ofrecería a una parte de las familias desvalidas del Brasil no solamente un medio seguro de librarlas de la miseria, sino también de habilitarlas para un futuro que no está lejos" (p. 146). A la contraparte rural de la obrera urbana, la llamada *cabocla* o mujer india, se la define como "esa interesante e infeliz porción de la humanidad que está más y más relegada en nuestras selvas o vive aquí y allá diseminadas en mezquinas y desorganizadas aldeas" (p. 158). Con todo, Floresta considera las costumbres de las indias como lección de humildad para la sociedad brasileña. Aunque no fueron tocadas por la moralidad de la educación religiosa, las indias habían sido modelos de la virtud y del heroísmo en períodos de paz y de guerra. Compañeras fieles y sumisas a sus maridos, jamás deficientes en la espontaneidad, estas mujeres se afanaban dentro y fuera del hogar. Floresta las elogia también como madres: "Vayan Uds. a verlas, . . . en el estado intermediario entre lo salvaje y lo civilizado, dedicadas, día y noche, a sus hijitos, con los más fuertes vínculos de natural cariño del que muchas madres de nuestra sociedad, no dejándolos, como muchas, en seno extraño y alguna vez hasta en seno enfermo, para ir a tomar parte en los placeres del mundo, o a *satisfacer una etiqueta* de la sociedad" (p. 164). Ni participaron jamás las indias en la costumbre de negarles a sus niños la leche de los senos, como hacían las brasileñas, quienes permitieron a sus bebés a mamar "leche impura, . . . que . . . contamina tanto lo físico como lo moral" (p. 99). Hasta comenta Floresta la costumbre de la fidelidad conyugal entre las indias, señalándolas como modelos morales, y citando la falta del adulterio en las culturas de las tribus.

En contraste con las indias, la típica brasileña parece ser vana, ociosa, perezosa, e inmoral. Sin embargo, como Floresta observa, si "la inteligencia no tuviera sexo," si la debilidad física femenina no fuera una justificación conveniente para prohibirle de recibir oportunidades educacionales iguales, entonces, dadas las condiciones apropiadas, pronto se volverían las mujeres más útiles para la sociedad. Con todo, Floresta no establece limitaciones a su teoría: "No compartiendo la doctrina de Helvecio sobre la igualdad de la inteligencia en todos los hombres, sabemos que todas las mujeres no pueden ser igualmente instruidas, aún cuando a todas se les proporcionase los medios de cultivar su espíritu: lo que pretendemos, es posible, justo, y de rigurosa necesidad, es decir que todas sean bien educadas, dentro de sus respectivas situaciones" (pp. 65-66). Teniendo en cuenta estas limitaciones, Floresta pronostica el resultado de la educación de las compatriotas: "cuanto mejor es la educación, tanto más digno es el destino de ellas" (p. 174).

Los jóvenes brasileños crecieron expuestos a las dobles influencias decadentes de un sistema de esclavitud en el que aprendieron a imitar el comportamiento negativo no solamente de los amos sino también de los esclavos mismos. Debido a las condiciones abyectas en que vivían los esclavos y a la ignorancia en que los dejó la sociedad, muchas veces éstos se vieron obligados a recurrir a actividades criminales para sobrevivir. Floresta recomendó que a las niñas de familias adineradas se las enviara a los mejores colegios en donde sus estudios serían regulados por un horario específico y donde no presenciarían los males inherentes en el sistema de la esclavitud, cláusula, según la autora, "esencialmente necesaria para el buen resultado de la educación" (p. 98).

Hemos visto cómo Floresta incorporó ciertos conceptos positivistas y utilitarios a su pensamiento publicado. Sin embargo, en cuanto a la cuestión del determinismo biológico y ambiental era más ambivalente. La autora no se adhirió totalmente sino a parte del canon determinista. Aceptó la creencia de su época de que la naturaleza humana fue determinada por la historia y el ambiente, los agentes temporales, sociales, y culturales que formaban al hombre. Sin embargo, evidentemente rechazó el tercer factor en el triunvirato determinista—el aspecto biológico y genético de la raza—porque, obviamente, un individuo no debe considerarse incompleto, imperfecto, ni inferior, simplemente porque le tocó nacer mujer. A la vez, Floresta vio claramente que el único factor determinista de los tres que podría cambiarse fue el ambiente. Podrían transformarse y mejorarse la sociedad y el ambiente por medio de una educación correcta, a la que debían tener acceso todos los seres humanos.

En su prédica final a los compatriotas, la autora mira adelante, al porvenir de la América del Sur, al día en que las mujeres sean completamente integradas a la sociedad, como verdaderos sujetos. Floresta se dirige al final a los padres, al gobierno federal, y a su pueblo, y les

pide que miren hacia adentro, en su conciencia, y que se pregunten si
" . . . la mujer nacida en esta vigorosa tierra superabundante de mag-
nificencias naturales, respirando bajo un cielo radiante, en medio de
la poesía de tan admirable naturaleza, podrá limitarse al papel que
hasta hoy ha representado" (p. 178). La súplica futurista de Floresta
culmina en un ruego emotivo de que se eduque a la mujer en preparación para la marcha adelante. "¡Eduquen para esto a la mujer, y con
ella marchen adelante, por el inmenso camino del progreso, a la gloria
que lleva el renombre de los pueblos a la más remota prosperidad!"
(p. 178). Esta nota de esperanza en la petición final de Floresta evoca
el orden y progreso positivista, y no es casualidad que estos tres vo-
cablos formen el lema que aparece en la bandera brasileña.

Cien años después, la experiencia de Nísia Floresta como educadora
y autora, como sujeto comprometido con la producción del significado,
de la representación, y de la representación de sí misma, puede vin-
cularse con el proyecto de la teoría feminista. Porque ésta se constituye
como "reflexión sobre la práctica y la experiencia; una experiencia en
la que la sexualidad es central, porque determina por medio de la
identificación del sexo, la dimensión social de la subjetividad femenina,
la experiencia personal de su feminidad; y una práctica dirigida primero
a enfrentarse con esa experiencia y luego a cambiar concreta, material,
y concientemente la vida de las mujeres."[27] Vista desde esta perspectiva, la obra de Nísia Floresta teoriza la práctica política de una realidad
social específica, y rearticula esa realidad desde la experiencia histórica
de las mujeres. Finalmente, su proyecto es interceder por las mujeres,
desenredar la contradicción con la cual viven—y ayudarlas a hacerse
mujer.

NOTAS

1. "Writing Like a Woman," en Ruth Borker, Sally McConnell-Ginet, y Nelly
Furman, eds., *Women and Language in Literature and Society* (New York: Praeger,
1980), p. 298. Todas las traducciones al español en el texto de este ensayo son
nuestras.

2. Kamuf, p. 286.

3. *Feminino, Feminino* (Natal: Editora Universitária, 1981), p. 10.

4. Desde la muerte de Nísia Floresta en 1885, nadie había reeditado su obra
hasta que Adauto da Câmara, de la Academia Norte-Riograndense de Letras,
publicara, en 1941, un estudio de su vida y obra en el cual están reproducidos
algunos segmentos de la obra original: *História de Nísia Floresta* (Río de Janeiro:
Irmãos Pongetti, 1941). Fue también Adauto da Câmara que reeditó uno de
los poemas de Nísia Floresta, titulado "Lágrimas de un Caeté," firmado por
"Telesila," no Nísia Floresta. La reedición apareció en la *Revista das Academias*

de Letras (Río de Janeiro) 2–3 (1938), pp. 66–88. En el número tres de la misma revista Adauto da Câmara publicó su "Bibliografía de Nísia Floresta," pp. 88–99.

5. Socorro Trindad, *Una arma para Maria* (Río de Janeiro: Edições Ponto 8, 1982). Citación de la contratapa del libro.

6. *A Vindication of the Rights of Woman*, ed. Carol H. Poston (New York: Norton, 1975), p. 76.

7. *Opúsculo humanitário* (Río de Janeiro: M.A. da Silva Lima, 1853).

8. *O Mercantil*, 27 de diciembre de 1846, p. 4. Citado en Adauto da Câmara, *História de Nísia Floresta*, p. 200. Este es el primer estudio completo de la vida y obra de Nísia Floresta. Dos estudios más recientes son Socorro Trindad, *Feminino, Feminino* (Natal: Editora Universitária, 1981) y Zélia Maria Bezerra Mariz, *Nísia Floresta Brasileira Augusta* (Natal: Editora Universitária, 1982).

9. Adauto da Câmara, p. 57.

10. *Itinéraire d'un voyage en Allemagne* (París: F. Didot Frères, 1857). Citado en Adauto da Câmara, *História de Nísia Floresta*, p. 59.

11. Para una discusión interesante sobre el modelo de ciudadanía de Rousseau y la posibilidad de una lectura feminista de este modelo, ver Margaret Canovan, "Rousseau's Two Concepts of Citizenship," en Susan Mendus, ed., *Women in Western Political Philosophy* (New York: St. Martin's Press, 1987), pp. 78–105.

12. Ursula Vogel, "Humboldt and the Romantics," en Mendus, p. 121.

13. Ivan Lins, "Nísia Floresta," en *História do positivismo no Brasil* (São Paulo: Companhia Editora Nacional, 1964), p. 20.

14. Raymond Aron, *Main Currents in Sociological Thought I* (New York: Doubleday, 1968), pp. 75–80.

15. Aron, p. 11.

16. Vogel, p. 122.

17. Lins, p. 21.

18. *Feminist Politics and Human Nature* (Totowa, N.J.: Rowman & Allanheld, 1983), p. 33.

19. Gerda Lerner, *The Creation of Patriarchy* (New York: Oxford University Press, 1986), p. 10.

20. Mendus, p. 3.

21. Lins, pp. 89–90.

22. Lins, p. 20.

23. *Women in Class Society*, trans. Michael Vale (New York: Monthly Review Press, 1978), p. 145.

24. *Annaes do Parlamento Brasileiro*, Sesión de la Asamblea de los Constituyentes del 11 de agosto de 1823. Citado en Saffiotti, pp. 145–46.

25. Saffiotti, p. 147.

26. Saffiotti, p. 148.

27. Teresa de Lauretis, *Alice Doesn't* (Bloomington: Indiana University Press, 1984), p. 184.

Tabaré y *Soledad*:
Símbolos de una ausencia nacional

Dos obras de la literatura ríoplatense, el poema épico *Tabaré*, por Zorrilla de San Martín y la novela poemática *Soledad* por Acevedo Díaz permanecen solas, expresiones aisladas, por no decir únicas de la literatura indigenista y gauchesca de Hispanoamérica. Simbolizan una ausencia, más que una presencia nacional. Surgen en zonas de choque y transición entre divergentes tendencias literarias: el romanticismo, el realismo y consiguiente naturalismo, y el modernismo, típica situación de asincronía en la literatura hispanoamericana. De acuerdo a la división generacional de Cedomil Goiç, ambos autores pertenecen a la primera generación naturalista cuyo período de gestación se desarrolla entre 1875 y 1889.[1] Zorrilla de San Martín nace en Uruguay en 1857, Acevedo Díaz en 1851. Entre la publicación de estas obras median sólo seis años: *Tabaré* se publica en 1888 y *Soledad* en 1894.

Tabaré y *Soledad* han sido leídos como obras románticas, realistas, naturalistas y simbolistas. De Zorrilla de San Martín dice Anderson Imbert que fue el último representante del romanticismo en América y que "camina del romanticismo al simbolismo independiente de la literatura francesa."[2] El americanismo literario hace un papel importante en ambas obras. El naturalismo de Taine, su determinismo de los tres factores—raza, medio y momento histórico—constituyen momentos teóricos reconocibles en la elaboración de los motivos narrativos, teniendo en mente, como explica Goiç, la peculiar manera de asumir el naturalismo en ese momento generacional en que el Criollismo es la respuesta hispanoamericana a las innovaciones que aquél trajo a la novela moderna y en esta época surge la preferencia de los narradores criollistas por los asuntos exclusivamente nacionales y regionales.[3] Zorrilla de San Martín y Acevedo Díaz conciben la función de la literatura como extraliteraria, característica romántica y naturalista, según Goiç (p. 105). Ambos escriben parte de sus obras en el destierro y ambos están considerados como los autores más autóctonos del Uruguay. Ambos participaron activamente en las incidencias políticas de su país. Zorrilla de San Martín fue un expatriado en Chile a la edad de dieciocho años por voluntad de su padre que lo envió a estudiar fuera para librarlo del liberalismo radical de Montevideo. En Chile empieza a escribir sus versos líricos que contienen los temas básicos de sus obras mayores y se dedica también al periodismo. A los veintiún años, graduado de abogado vuelve a Montevideo, funda un periódico para luchar contra los anticatólicos y para atacar la situación política, por lo que sale exilado a Buenos Aires en 1887. Vive varios años fuera, ocupa puestos diplomáticos pero vuelve a su país y reside allí por el resto de su vida.

Acevedo Díaz participó de universitario en la rebelión contra el Presidente Lorenzo Batlle en 1870. Dedicado al periodismo, al terminar la guerra fue desterrado del país por propagandista, participó en la revolución llamada Tricolor, tuvo que refugiarse en Brasil y volviendo a su labor periodista provocó un segundo destierro. En 1895, el periódico *El Nacional*, fundado por él, dió el estallido de la revolución nacionalista y Acevedo Díaz se convirtió en uno de los más prestigiosos personajes de su partido. Después de la elección de Batlle y Ordóñez en 1903 se alejó del Uruguay, desempeñando cargos diplomáticos hasta su muerte. Cultivó sobre todo la novela histórica, para él la literatura significaba principalmente historia y política.

Tabaré y Soledad aparecen en un período en que cesan las guerras civiles del Uruguay, en que los partidos Blanco y Colorado llegan a un acuerdo y empiezan a controlar el estado. Los caudillos fueron desplazados en los puestos oficiales por personajes urbanos y educados y tiene lugar la inmigración europea que contribuye a la formación de una conciencia nacional, elaborada sobre una concepción internacionalista de la nación, raíz del repudio de las masas rurales y de la abjuración del caudillismo.[4] La época de la barbarie ha quedado atrás y ya sabemos que no fue sólo el gaucho primitivo y sus descendientes, el caudillo y el montonero los que fueron considerados bárbaros, sino el indio charrúa que dio muerte a los primeros conquistadores que trataron de establecerse en la región. De la convergencia de todos estos factores históricos e histórico–literarios nacen *Tabaré y Soledad*.

Una lectura estrictamente romántica de *Tabaré* no nos permite captar el proceso completo de la realidad que Zorrilla quiere expresar. La lectura romántica de la obra ve en *Tabaré* una ficción sentimental que se desarrolla sobre un fondo histórico esencial, como dice Zum Felde, para quien el sentimentalismo romántico de la parte ficticia, que tiene que ver con el mestizo Tabaré, constituye un desequilibrio del poema que impide que aparezca en su intensidad el verdadero valor, los elementos de fondo que trasuntan la realidad épica de la historia, que expresan la lucha de los dos destinos: la vida de la raza indígena y el

carácter de la raza conquistadora.[5] Cree Zum Felde, como tantos otros
críticos de este texto que Zorrilla de San Martín ha volcado las tristezas
íntimas de aquella época en la concepción de un poema histórico y
que lo subjetivo familiar (y me imagino que se refiere a la orfandad
del autor y a su acendrado catolicismo) hace que pierda la obra mucho
de su significación nacional (pp. 74–75). Pero una lectura a nivel continental, con una sensibilidad estética posterior nos permite ver que en
Tabaré, el mestizo y todo lo relacionado con él funcionan como símbolos en el poema y en este aspecto se aparta del romanticismo y entra
en el modernismo que de algún modo es compatible con todas las otras
tendencias literarias de aquel momento, como muy bien lo ha sabido
ver Goiç. Como dice Mircea Eliade: "el simbolismo *añade* un nuevo
valor a un objeto o a una acción, sin que por ello quedan afectados
sus valores propios e inmediatos . . . . Ningún objeto está aislado en
su propia existencialidad: todo se sostiene unido por un sistema cerrado
de correspondencias y de asimiliaciones."[6] Y como dice Todorov, basándose en Goethe, el símbolo es un paso de lo particular a lo general
y a lo ideal; es un caso particular a través del cual, pero no en lugar
del cual se ve la ley general de la cual emana.[7]

   Tabaré busca ser, como dice el narrador en la Introducción, "la triste
historia de una raza muerta." La raza charrúa es una raza muerta no
solamente por su extinción durante la colonia, sino por no haber contribuido al mestizaje siendo la raza autóctona más poderosa y la de la
gesta, pues por más de trescientos años resistió la conquista española.

   En su estudio sobre *El Uruguay indígena*, el sociólogo y antropólogo
Renzo Pi Ugarte dice que el Uruguay tuvo una configuración humana
diferente a la de los otros países americanos debido a que apenas tiene
lugar la mezcla biológica con el elemento autóctono.[8] Los indios de la
región del Plata, los chanaes y los guaraníes desaparecieron muy pronto
de la escena histórica; los charrúas se desplazaron debido a las persecusiones de españoles y portugueses de la época colonial, sus co-
rrerías cubrían una franja paralela a la costa del Plata de unos 150
kilómetros de ancho y por documentos de a mediados del siglo XVIII
hasta principios del XIX se sabe que eran los más numerosos con medio
millar de indios de pelea en total (Pi Ugarte, pp. 45–46). Se extermi-
naron a nombre de la civilización por su naturaleza irreductible y feroz;
para 1825 se calculaba que había 500 charrúas, para 1832 se les dió el
golpe definitivo en el combate de la Boca del Tigre y en 1840 sólo
quedaban 18 entre hombres, mujeres y niños (p. 47).

   En su *Crítica de la literatura uruguaya*, anterior al informe científico
de Pi Ugarte, Zum Felde da los mismos datos "literariamente" cuando
dice: "El fenómeno del mestizaje entre iberos y charrúas fue poco

importante en la historia de la conquista. Tuvo lugar en muy pequeña escala, pues la tribu charrúa se mantuvo apartada e irreductible hasta su trágico exterminio en el Quegay. La mestización se operó con indígenas de otras tribus reducidas, como los chanaes, los tapes misioneros, los guaranís del otro lado del Uruguay" (p. 20). Pero este escaso mestizaje con tribus sometidas no constituye un elemento heroico ni de gesta. En *La cultura nacional como problema*, Mario Sambarino, filósofo de la ciencia y la cultura, comenta esta ausencia: [el Uruguay se desarrolló] "como 'país de clase media' [y como tal] ha sido escaso de miras, corto de ambiciones, satisfecho con sus modestias, cómodo en sus convicciones, poco dispuesto al cambio y al esfuerzo organizado, desconfiado de sus propias capacidades."[9] Pero con estos defectos cita sus virtudes: "su civismo, su respeto por la libertad individual y la libertad de crítica, su sentido de los frenos a los que ha de someterse el poder del estado, su resistencia a las formas ostensiblemente violentas de ejercicio de ese poder" (p. 53). Y entre los defectos y virtudes se configuran tres mitos, el del "Uruguay feliz," que se apoyaba en la realidad de aquellas virtudes pensando que se seguiría progresando por la gracia de los futuros tiempos, creyendo que "si se presentaba una meta de ocasión bastaría con la acción del otro mito," el de "la garra charrúa," o sea "la actitud excepcional para el esfuerzo difícil, en difíciles circunstancias de escepción"; pero les falta " 'formación' para la acción organizada sistemática, planificada, para lograr resultados positivos valiosos" (Sambarino, pp. 53–55). El tercer mito es "el mayor valor de lo extranjero por ser tal, y la admiración individualizada por algunos logros nacionales a los que se mira como hazaña y repercuten afectivamente, pero no organizativamente" (p. 55). Y así quedan planteados los lineamentos reales históricos que nos permiten hacer una lectura simbólica de *Tabaré* sin afectar su valor propio e inmediato.

En la carta dedicatoria que Zorrilla de San Martín le escribe a su esposa Elvira Blanco se nota la conciencia de la ausencia de un mestizaje que podía haber dado al sentimiento de la nacionalidad un aspecto heroico derivado de la raza autóctona. Tabaré, el mestizo charrúa-español, muere al final del poema. Dice Zorrilla en la carta a su mujer: "Si a tí te hubiera dado a elegir el desenlace de mi poema, yo bien me sé cuál hubieras elegido. / ¡No podía ser! / No: tu idea era imposible. Blanca—tu raza, nuestra raza—. Ha quedado viva sobre el cadáver del charrúa. / Pero, en cambio, las últimas notas que escucharás en el poema son los lamentos de la española y la oración del monje; la voz de nuestra raza y el acento de nuestra fe; la caridad cristiana y la misericordia eterna."[10] "Nuestra raza," claro, es la blanca, la de los

descendientes del conquistador español. El narrador, que continúa la
tradición católica del antepasado, hace su apología sabiendo que sólo
como converso cabía el indio dentro de la estructura social imperial,
pues como muy bien dice Octavio Paz en *El laberinto de la soledad*, esa
otra gran obra que trata de la formación de la conciencia nacional del
mexicano, la religión era la unificadora del imperio español. Tabaré, el
mestizo converso vio en la religión cristiana a una madre, como la
vieron los otros mestizos de América. Aunque históricamente hubo
cautivos blancos en los toldos charrúas,[11] el que la madre de Tabaré
sea una cautiva española piadosa y creyente que lo bautiza y le enseña
a rezar cumple una función simbólica, deparando la única posibilidad
de conversión para un miembro de la raza charrúa, e identificando a
la madre con la fe católica, como a la madre España. Nótese que aparte
del cura, la otra persona que es piadosa con Tabaré y llega a entenderlo
y amarlo es Blanca, la mujer de la que se enamora por su parecido con
la madre. Blanca es la hermana del jefe del fuerte español, Don Gonzalo. Es también simbólico de la función religiosa de la conquista el
hecho de que cuando Don Gonzalo increpa a Tabaré por rondar su
casa creyéndolo en malos pasos, lo hace, no como blanco o conquistador sino como amigo y como cristiano: "Cuando el cacique / rompió
ante mí su lanza, / en señal de amistad, le dí la mía, / ¿No he sido
fiel a la amistad jurada? // Diga el indio charrúa, si el cristiano / a sus
promesas falta . . . " (2.5.5).

La ambivalencia del narrador al describir a Tabaré es signo de la
dialéctica del uruguayo, que condena y exalta al mismo tiempo a la
raza charrúa. Cuando Don Gonzalo y sus arcabuceros cogen prisionero
a Tabaré con otros charrúas, el narrador, que ya ha hablado de su
mestizaje y del bautizo por la cautiva española que le dio el ser, ve en
él su facultad para la civilización: "¡Extraño ser! ¿Qué raza da sus
líneas / a ese organismo esbelto? / Hay en su cráneo hogar para la
idea, / hay espacio en su frente para el genio. / / Esa línea es charrúa;
esa otra . . . humana. / Ese mirar es tierno . . ." (1.2.5). Ese Tabaré se
diferencia de sus hermanos los charrúas de sangre pura porque "no se
ha pintado el rostro, ni en su labio / ha atravesado el signo del guerrero" (1.2.5). Cuando los soldados españoles han encontrado a Tabaré
merodeando por la casa de Don Gonzalo y creyéndolo malo tratan de
herirlo con la lanza, el mestizo, consumido por la fiebre se defiende
con fiereza hasta que casi al desplomarse el cura viene en su auxilio.
Entonces, aún cuando el narrador omnisciente conoce su inocencia, lo
describe como indio puro y desaparecen a sus ojos todas sus buenas
cualidades: "Vedlo. Es el indio puro; / es el charrúa de la frente estre-
cha; / su sangre afluye al pómulo saliente, / su labio tiembla, su pupila

humea. / . . . / todo le encona el alma, / todo despierta en ella / el instinto dormido, el ansia viva / de libertad, y destrucción, y guerra." (2.5.3). Desde este momento en adelante, Tabaré deja de ser el mestizo y es llamado por el narrador el indio charrúa, porque este es el momento que impide la admisión o integración de Tabaré en la incipiente estructura colonial. Don Gonzalo le había dado a Tabaré el pueblo por cárcel para averiguar si era digno de confianza y por él su raza: "Yo probaré, en ese hombre, si se encuentra / capaz de redención su heróica raza" (2.2.10). Imposibilitado de confesar que su merodeo por la casa de Don Gonzalo era debido a su amor por Blanca, amor casto alimentado por el sentimiento de identidad de ésta con la madre muerta, echan a Tabaré del fuerte, vuelve al monte y es acusado de raptar a Blanca, víctima de la lascivia de Yamandú, un charrúa de pura sangre. El hecho de que pudiendo Yamandú poseer a Blanca no lo hace (esperando que vuelva de su desmayo) es simbólico de la no perpetuación del mestizaje. A Tabaré, que ha sorprendido a Yamandú en la espesura le da tiempo de rescatar a Blanca, que no se entera en su desmayo y lo cree culpable. Cuando va a devolverla, intocada, Don Gonzalo, que le cree el raptor, le da muerte. Es simbólico que muere en los brazos de Blanca, que ha logrado tarde comprenderlo y amarlo, como ha acontecido con los descendientes uruguayos de los conquistadores en relación a la raza charrúa que pudo ser raza progenitora.

La presencia de la madre muerta en *Tabaré* es constante, a través del simbólico estribillo hecho de los elementos: "¡Cayó la flor al río!," "La flor ha muerto." El símbolo es bisémico porque la orfandad de Tabaré es total, le faltó una madre biológica, madre para el mestizaje y la madre que pudo haber sido España una vez que el indio se incorporara al reino por el bautizo, a la manera de otros pueblos de América, no pudo serlo por las circunstancias históricas de la conquista en esa región. Dice Mario Sambarino: "A diferencia de otros lugares de la hoy llamada América Latina, en nuestro territorio se vivía una edad cultural muy primaria cuando sobrevino la conquista hispánica. El aporte cultural de ésta, vertido en una zona limítrofe y disputada, de lenta, escasa y azarosa colonización, no podía ser sino rudimentario" (p. 27). Y reitera: "No tenía sus antecedentes en el centro de un virreinato, se formó por aluvión, sólo en contados casos encontraba sus orígenes en un patriciado que no por ser tal dejaba de ser provinciano" (p. 53). De allí la imposibilidad de permitirle a Tabaré la redención por el amor de Blanca, tan identificada con la madre a través de todo el poema. Blanca amó a Tabaré por compenetración espiritual como bien dice Iber H. Verdugo que anotó la edición que manejamos (p. 184); pero lo amó en la muerte: "como se aman dos fuegos de un sepulcro, /

al confundirse en una sola llama; / . . . cual se ama, desde el borde del abismo, /el vértigo que vive en sus entrañas" (3. 4. 14).

Ha dicho acertadamente José María Delgado que el "virgen bosque del charrúa [da] impresión de maternidad."[12] En efecto, el huérfano de la madre España no lo es de la tierra uruguaya, donde los ríos han nacido de "la sonrisa de Dios." Ante Tabaré y su madre todo es música y armonía, las pupilas del niño son como las flores del cardo; el árbol le da su sombra; la tarde desciende sobre él como el beso (1. 1. 4). A su bautizo hay contacto del cielo con la tierra (1. 2. 5); la naturaleza acuna al niño: "Duerme, hijo mío; mira, entre las ramas / está dormido el viento; / el tigre en el flotante camalote, / y en el nido los pájaros pequeños." La luna alumbra piadosa la yerta faz del Tabaré enfermo. Y como madre al fin, la tierra lo repudia en castigo cuando Tabaré, despedido por el conquistador vuelve a internarse en su bosque nativo (3.1. 3–4).

La madre naturaleza en la obra está tan relacionada con los hechos que merece un estudio detenido. Ante la maldad de Yarandú, como madre ofendida mortalmente, se vuelve siniestra; ante la vuelta de Tabaré a los blancos con la rescatada Blanca a cuestas, se asombra, y cuando muere Tabaré se pone de luto. Y en esta tierra·madre conocedora y amante de sus hijos ya sean de pura raza o mestizos, Tabaré es un "lirio amarillento" brotado de las grutas de un sepulcro, *leitmotif* simbólico con el mismo valor del simbólico sol que muere en esta estrofa: "En esa raza, de un excelso origen / aún el vestigio queda, / como el toque de luz amarillento / que un sol que muere en los espacios deja" (1. 1. 3). Y eso es Tabaré, simbólicamente, el vestigio de una raza sol, la charrúa, que murió en su propia tierra.

La novela *Soledad*, de Acevedo Díaz, se lee casi siempre como una novela simbólica de la soledad de la tierra, de la vuelta del hombre a la fuerza ancestral de sus instintos, de la tristeza y fuerza de las almas primitivas hijos de la soledad. Zum Felde, autor de estas opiniones,[13] considera a los actantes como tipos genéricos y casi simbólicos y dice que cada uno representa "en enérgica síntesis de rasgos una modalidad singular y genuina de la vida en [los] campos" (pp. 97–98). Aunque no explica la modalidad, los llama tipos primievales, Pablo Luna es el payador-matrero; Montiel, el estanciero de feudo y cuchillo; Soledad, la virgen silvestre (p. 98). Alberto Lasplaces aventura que Pablo Luna "puede ser muy bien la raza criolla, el paisano callado, melancólico, vengativo y Soledad el campo silencioso y salvaje con el que el paisano se desposa."[14] Los hechos históricos nos permiten fijar de manera más amplia y definitiva la significación simbólica de la obra.

En *Proceso histórico del Uruguay,* Zum Felde nos habla del gaucho caudillo que aparece como arquetipo real a la caída del régimen colonial, porque él representa las cualidades de la masa elevadas al grado heróico.[15] En su obra *El Gaucho,* Fernando Assunçao traza sus orígenes en la tradición hispánica de las guerras de la reconquista, en el capataz de la colonia y en el cacique indígena.[16] La aseveración de Zum Felde queda más que probada en la literatura uruguaya. Zorilla de San Martín y Acevedo Díaz son autores de dos obras de gran envergadura sobre Gervasio Artigas,[17] el caudillo clásico, bárbaro y patriota del Uruguay.[18] Washington Reyes Abadie señala tres etapas históricas en el desarrollo del caudillo: el de la revolución emancipadora, el de la formación nacional y el de la organización republicana.[19] En la primera etapa lucha contra el régimen colonial, en la segunda contra la ocupación portuguesa combinada por las oligarquías porteñas y en la tercera contra la desaparición del tipo. El héroe de la segunda y primera etapa es el caudillo José Gervasio Artigas, el que dió el primer paso hacia la independencia del Uruguay, declarando la independencia de las provincias de La Plata en 1813 y terminando la dominación española en Uruguay en 1814. En 1815 Artigas acabó con los uruguayos y argentinos que aún permanecían leales al régimen. En 1817, cuando el ejército portugués en el Brasil capturó a Montevideo, Artigas mantuvo una lucha de cuatro años contra, aunque lo derrocaron y tuvo que refugiarse en Paraguay en 1820, donde vivió hasta su muerte en 1850. Después de Artigas, el Uruguay indefenso se anexó al Brasil en 1825. Treinta y Tres patriotas uruguayos rodeados cada uno de gauchos guerrilleros libraron una lucha de tres años contra el Brasil. En 1828 Brasil y Argentina reconocieron al Uruguay como una nación independiente. Artigas pasó en la oscuridad los últimos años de su vida pero el espíritu gauchesco quedó identificado con la independencia y Artigas se convirtió en un mito como fundador de la nacionalidad uruguaya cuando ya el caudillo no existió físicamente y pese a que se le imputara un caudillaje inferior.[20]

Desaparecido el caudillo, aparece el teatro popular del circo con el drama gauchesco que inician Eduardo Gutiérrez y José Podestá en *Juan Moreira,* con sus descendientes, el gaucho matrero, el montonero y el campesino, que aparecerán en otros géneros; pero estos tipos no se dan identificados con la tierra, sino desplazados por el progreso y la civilización. Falta el gaucho primitivo identificado con la tierra y esta ausencia está simbolizada por Pablo Luna, el gaucho-trova de *Soledad.* La guitarra es inseparable del actante en el texto de Acevedo y aunque sabemos que es un gaucho fuerte y valiente, no son éstas las cualidades que se hacen resaltar en el texto. El narrador nos dice que se le conocía más "por su afición a la guitarra que por los hechos ordinarios de la vida del campo. Había empezado él por calarse por el oído a favor de su habilidad para tañer y cantar antes que por actos de valentía y de fuerza" (p. 60) con lo que Pablo Luna queda diferenciado de los otros gauchos desplazados: del matrero, del montonero y del campesino. Además, es por su canto que se establece su armonioso vínculo con la tierra. Su maestra era la naturaleza, su familia las criaturas del campo. Había aprendido en la espesura el modular de los pájaros y no se sabía distinguir si era un hombre el que lanzaba trinos o era un pájaro que confundía su canto con el vibrar de las cuerdas (p. 62). No pulsaba su guitarra para los hombres sino para los seres montaraces, cuando él tocaba bajaban los pájaros de las ramas a oírlo, apiñándose en la pradera y hasta los cuervos se estaban quietos en las piedras del banano (p. 87). Pero Pablo Luna posee todas las características de su raza: por medio de episodios breves en la narración, nos enteramos que conocía el ganado, que era diestro con el cuchillo y sobre el caballo, que sabía vadear las aguas peligrosas, que salvaba la vida de sus hermanos los matreros. El también era un marginado; su vieja madre Rudesinda hablaba del hijo que había tenido que irse de su rancho acosado por la miseria y por las persecusiones de la autoridad (p. 66). Pero no escoge el narrador enterarnos directamente de estos infortunios, sino mostrarnos cómo no tiene cabida en la propiedad de Brígido Montiel, estanciero que lo maltrataba de palabras y de hechos. Montiel es otro producto del medio pero opuesto al gaucho libre y errante. Está descrito sin simpatía: era "rudo, bajo de cuerpo, cara ancha, espaldas cuadradas y manos enormes. Asemejábanse sus ralas patillas . . . a los pelos desiguales y cerdosos que cubren las mandíbulas del tigre; la parte carnuda de la oreja, gruesa y salida hacia fuera; las cejas muy pobladas y revueltas; la boca grande, . . . y un cuello de toro completaban los rasgos más notables de este cimarrón, amo de ganados y señor de 'lazo y cuchillo' de la comarca" (p. 77). Pablo Luna, al contrario, "era un hombre más alto que mediano, delgado, con cintura de mujer, una barba corta y rala tirando a pelinegro, el rostro moreno un poco encendido, los ojos azules como piedra de pizarra, larga y en rulos la cabellera abierta al medio, cejas de alas de golondrina, la oreja tan chica como el reborde de un caracol rosado y las manos un poco largas y velludas" (pp. 58–59). Manduca Pintos, otro estanciero rico, brasileño, camarada de Montiel, que le había prometido a su hija Soledad en matrimonio y que tenía campo y ganado cerca, era robusto, sabía domar tigres; pero no sabía hablar bien el español porque funciona como símbolo del elemento portugués que capturó a Montevideo, contra quien Artigas, el prototipo histórico del heroico gaucho caudillo libró una lucha de cuatro años. La lectura del texto a la luz de los sucesos históricos nos obliga ver en Soledad el símbolo de la tierra bella y primitiva codiciada por todos. Y así como el Uruguay indefenso se anexó al Brasil, Soledad, la criolla indefensa en el sentido de que ha de hacer la voluntad de su padre, ha de anexarse al brasileño Manduca en matrimonio. El gaucho autóctono Pablo Luna y el extranjero Manduca son los contendientes por el amor de Soledad, "punto de mira y atracción de todos los mozos del pago" (p. 78); símbolo de la tierra, "tipo de hermosura criolla escondido entre aquellas breñas . . . fruta incitante, sazonada a la sombra de los 'ceibos,' o flor de carne que los mismos 'ceibos' envidiaran para su copa altiva" (p. 78).

Marginado y ultrajado por Montiel, el autóctono propietario que llega a pegarle al gaucho-trova al frente de Soledad y Manduca, éste se venga e incendia toda la comarca. Está destruyendo lo que, simbólicamente, es la causa de la extinción de su raza, la tierra con dueño. En *Proceso histórico del Uruguay* dice Zum Felde sobre el gaucho: "Cuando en la libertad absoluta de la naturaleza no concibe la propiedad sino como un atentado a sus fueros" (p. 25). Y mucho antes, Félix de Azara, en *Viajes por la América Meridional*, informa que el gaucho "se niega a trabajar y servir a otro por ningún motivo ni precio."[21] Aunque Pablo Luna se ofrece a trabajar en la hacienda de Montiel durante la esquila, no lo hace como peón asalariado, sino por voluntad, "de balde"; "nunca reclamaba la paga" dice el narrador y "él sólo esquilaba por dos" (p. 113); es decir que se quiere establecer en el texto la habilidad del hombre para las faenas contemporáneas sin hacerle traición a su voluntad de no servirle a otro.

En el contexto de nuestra lectura, el papel de Rudesinda, madre de Pablo Luna, es también simbólico de la tierra madre caduca y ultrajada. Rudesinda era producto del medio, sabía curar a los animales y a las personas con yerbitas, guascas de cuero y pellejos de víbora (p. 66). Vieja y haraposa, la veían como una bruja y así la llamaban. De la estancia de Manduca Pintos, el brasileño, donde le dieron trabajo cuando fue a buscarlo, la despidieron como ente dañino, errante y hasta quisieron desalojarla de su guarida en los matorrales. Rudesinda murió destrozada por los perros disputándoles la carne de una oveja. Nos parece el símbolo de una realidad extinta, el del concepto arcaico de una tierra primitiva autóctona. Soledad no perece en el incendio. El brasileño Manduca se la lleva a caballo, pero cuando le estorba la arroja de él y entre las llamaradas, el gaucho-trova le da muerte a Manduca. Sin embargo, el padre de Soledad, el propietario criollo Montiel no perece debido al incendio *per se*, sino picado por una víbora que sale de la tierra y que además, lo estrangula, como si la tierra salvaje y primitiva se vengara de él.

Al final del texto, Pablo Luna, con Soledad y la guitarra a cuestas desaparece por la selva "como en una noche eterna de soledad y misterio," concluye el narrador (p. 172).

Como otro argumento a favor de nuestra lectura simbólica, hacemos notar que Pablo Luna no rapta a Soledad que se ha enamorado de él desde que le conoció, usando de todas las argucias femeninas para ganárselo y cuando después de un primer contacto Luna le propone fugarse con él y le dice: "—Vámonos enancaos," ella le contesta estremeciéndose. "Para juir hay tiempo" (p. 122). Otro elemento importante de la narración es que antes de la aparición del gaucho-trova, Soledad estaba conforme con su propuesto matrimonio con el brasileño, del mismo modo que Uruguay, es decir, la Banda Oriental, admitió anexarse al Brasil portugués en 1821. Dice el narrador: "Don Manduca Pintos había hecho algo por ella, en prueba de grande aprecio; y aunque no estaba 'prendada' del hacendado ríograndense, no había tenido en mucha monta el ser o no su mujer, con todo le hacía fuerza el recuerdo de ciertas cosas que la ataban al 'consentido' como con una coyunda" (p. 95). Hay que recordar que los que se atrevieron a hacerle frente al poderoso ejército brasileño para librar a su país fueron los Treinta y Tres patriotas cada uno con un grupo de gauchos guerrilleros, lo que apoya la lectura simbólica que hacemos: aunque Soledad era codiciada por todos, el que se juega la vida por ella con el brasileño es el gaucho-trova Pablo Luna, el gaucho primitivo, como los de los Treinta y Tres patriotas.

En la novela *Soledad*, el gaucho primitivo desaparece en posesión de la mujer que todos se disputan, es decir que en su ausencia, pero no su muerte, en esa ya mencionada "noche eterna de soledad y misterio" del final de la lectura el gaucho primitivo seguirá vinculado a la amada tierra bella y primitiva. Ya antes ha dicho el narrador: "Soledad y la Bruja se dividían la parte sana del corazón 'matrero'; una ansia indecible y una memoria triste" (p. 168) y esa es la significación de *Soledad*, la triste añoranza en la conciencia del uruguayo por una ausencia, la del gaucho autóctono vinculado a la tierra primitiva que lo formó.

Tabaré y *Soledad* reflejan, como dice Lukács, una realidad, no de superficie sino de profundidad, porque ofrecen una visión más concreta de la realidad, visión que trasciende la mera aprehensión de las cosas a través de los sentidos. No son estas obras la realidad, sino una forma especial de aprehenderla. *Tabaré* es un aparte en la literatura del indio, *Soledad* es un aparte en la literatura del gaucho; pero Zorrilla de San

Martín y Acevedo Díaz están reconocidos como dos voces auténticas de la literatura del Río de la Plata y por eso han sabido dar vida en sus obras a aquellos elementos de su historia que aún ausentes han contribuido a la formación de una conciencia nacional.

NOTAS

1. Cedomil Goiç, *Historia de la novela hispanoamericana* (Santiago: Ediciones Universitarias de Valparaíso, 1972), pp. 112–116. Todas las referencias a Goiç proceden de esta edición.

2. Enrique Anderson Imbert, *Historia de la literatura hispanoamericana*, 4ª ed. (México: Fondo de Cultura Económica, 1962), p. 318. Aunque Anderson Imbert separa a Zorrilla de San Martín de la generación de Acevedo que le antecede (según la división de Anderson Imbert) sitúa a ambos autores bajo las tendencias culturales del naturalismo.

3. Cedomil Goiç, pp. 112–16.

4. Un profundo estudio de este proceso se encuentra en la tesis doctoral de Abril Trigo-Ehlers, *El espejo y su imagen: Caudillo, estado, nación*, Universidad de Maryland, 1986. Esta nos ha servido de guía para aportes bibliográficos que reconocemos en las notas.

5. Alberto Zum Felde, *Crítica de la literatura uruguaya* (Montevideo: Editor Máximo García, 1921), p. 72.

6. *Imágenes y símbolos* (Madrid: Taurus, 1983), p. 191.

7. Tzvetan Todorov, *Teorías del símbolo* (Caracas: Monte Avila Editores, 1977), p. 283.

8. Renzo Pi Ugarte, *El Uruguay indígena* (Uruguay: Editorial Nuestra Tierra, 1969), p. 47.

9. Mario Sambarino, *La cultura nacional como problema* (Uruguay: Editorial Nuestra Tierra. 1969). p. 53.

10. Juan Zorrilla de San Martín, *Tabaré* (Buenos Aires: Editorial Kapelusz, 2ª ed., 1965), p. 21. De aquí en adelante las citas indicarán *libro, canto*, y *estrofa* del modo siguiente: (2.5.3).

11. Pi Ugarte, p. 47.

12. José María Delgado, "Juan Zorrilla de San Martín" en Carlos Reyles, *Historia sintética de la literatura uruguaya* (Montevideo: Alfredo Vela Editor, 1931), p. 24.

13. Zum Felde, *Crítica de la literatura uruguaya*, p. 97.

14. En "Eduardo Acevedo Díaz," estudio preliminar de *Soledad y el combate de la Tapera* (Montevideo: Editor Claudio García, 1931), p. 50. Este estudio se halla también en Reyles, *Historia sintética de la literatura uruguaya*. Citamos de *Soledad*.

15. Alberto Zum Felde, *Proceso histórico del Uruguay* (Montevideo: Arca, 1967), p. 26. Citado por Trigo-Ehlers, p. 10.

16. Fernando O. Assumçao, *El Gaucho* (Montevideo: Instituto Histórico y Geográfico del Uruguay, 1963), pp. 143 y 156. Citado en Trigo-Ehlers, p. 11.

17. Ver Juan Zorrilla de San Martín, *La epopeya de Artigas, Historia de los tiempos heróicos de la República Oriental del Uruguay*, 5 tomos (Montevideo: Imprenta Nacional Colorada, 1930), y Eduardo Acevedo Díaz, *José Artigas. Su obra cívica* (Montevideo: Imprenta Atenea, 1950) y *El mito del Plata. Comentario al último juicio del historiador Mitre sobre Artigas* (Buenos Aires: Talleres Gráficos Ríos, 1916).

18. Zorrilla de San Martín, *La epopeya de Artigas*. En Trigo-Ehlers, p. 89. Ver también la nota 140 de Trigo-Ehlers.

19. Washington Reyes Abaide, *Aparicio Saravia y el proceso político-social del Uruguay* (Montevideo: Ediciones del Río de la Plata, 1916), p. 6. Citado por Trigo-Ehlers, pp. 23–24.

20. Domingo Ordoñana, *Pensamientos rurales sobre necesidades sociales y económicas de la República*, 2 vols. (Montevideo: Imprenta Rural, 1892), II, pp. 360 y 379–80. En Trigo-Ehlers, p. 63.

21. Félix de Azara, *Viajes por la América Meridional* (Madrid: Espasa-Calpe, 1941), II, p. 198. Citado en Trigo-Ehlers, p. 7.

EVELYN PICON GARFIELD

Conciencia nacional ante la historia: *Guatimozín, último emperador de Méjico* de Gertrudis Gómez de Avellaneda

Aunque Gertrudis Gómez de Avellaneda tal vez sea mejor reconocida por su poesía, su producción extensa incluye seis novelas, más de veinte obras dramáticas, unas diez leyendas, cartas, memorias, y una autobiografía. Se consideran históricas cuatro de estas novelas—*Espatolino*,[1] *Dolores*,[2] *El artista Barquero, o las cuatro cinco de junio*,[3] y *Guatimozín, último emperador de Méjico*.[4] La cuarta es la única de tema americano, obra arraigada en las crónicas originales donde se documentan las aventuras de Cortés durante la conquista de Méjico.

Además de ser la novela más larga de su labor narrativa y la única traducida al inglés,[5] *Guatimozín* es una de las tres novelas que Avellaneda misma excluyó de los cinco tomos de las *Obras literarias de la Señora Doña Gertrudiz Gómez de Avellaneda*,[6] cuyo subtítulo—"Colección Completa"—desmiente otras exclusiones significativas como las de las novelas *Sab* (1841) y *Dos mugeres* (1842). La novela *Guatimozín* corrió mejor suerte que las otras, pues en las *Obras literarias*, Avellaneda colocó en su lugar "Una anécdota de la vida de Cortés," "tomada—según ella—de su novela *Guatimozín*," "lo único que la autora ha querido conservar de dicha obra, suprimida de la presente Colección á causa de no haberle permitido su falta de salud revisarla y corregirla, según juzgó necesario."[7] Durante los últimos años de su vida la Avellaneda revisó sus obras con vista a su colección final; y como señala Cotarelo y Mori[8] en cuanto a su obra en general y Hernández-Miyares en cuanto a *Guatimozín* y "Una anécdota de la vida de Cortés"[9] en particular, Avellaneda de las primeras ediciones es otra escritora que la que escribió las versiones finales entre 1869 y 1871, puesto que alteró notablemente los textos originales.

En cuanto a estas exclusiones y revisiones que la autora introdujo, sostenemos que se transparentan en ellas la visión de y la relación con el contexto sociohistórico de una escritora privilegiada y a la vez perjudicada por su doble marginalidad: la de ser la más famosa escritora decimonónica del mundo hispánico, y la de ser una cubana-española, es decir, una mujer excepcional cuyo talento literario y relación tanto con su nativa Cuba como con su adoptada España, la capacitaron para comentar de modo perspicaz y atrevido ciertos aspectos de las dos sociedades. En relación con las varias corrientes literarias de su época, incluso la cultivación de la novela romántica, la histórica y la indianista, la obra de Avellaneda ostenta una originalidad y valentía en la caracterización de personajes y situaciones novelescas, y éstos constituyen un comentario crítico sobre el mundo hispánico.

Contexto literario

Antes de discutir las dimensiones del discurso sociohistórico en *Guatimozín*, es imprescindible ubicar esta obra en el contexto epocal de los géneros y subgéneros arriba mencionados—novela romántica, histórica, indianista—empezando con los comentarios expresados por Avellaneda en varios prólogos y cartas. Antes de que publicara su primera novela *Sab*, compartió sus aprehensiones sobre el género novelesco con García Tassara en una carta de 1840: "Ya ve usted cómo debo estar muy satisfecha con el éxito tan brillante de mis ensayos literarios. Dios quiera que al conocer la novela y el drama no decaiga el entusiasmo y que por querer ser dramática y novelista, no pierda el concepto que como poeta lírico he adquirido. Dicen que el que mucho abarca poco aprieta."[10] En 1844 en otra carta a Tassara, describe *Guatimozín* como "una novela semipoema"[11] y en 1857 en "Carta prólogo" a la *Anatomía del corazón* de Teodoro Guerrero, se queja de las novelas modernas francesas—de Hugo y Balzac—donde se pintan en cuadros "antipoéticos" las miserias humanas y los vicios de la sociedad actual. Rechaza el culto a lo feo que predomina en la novela moderna y proclama su dedicación a "lo bello." "Poeta antes que todo, yo amo lo bello, y aunque sepa, por desgracia, que no siempre es lo verdadero, siento repugnancia invencible por esas *anatomías*, cuando sólo se hacen para presentar asquerosidades."[12]

En estos comentarios se evidencian tanto las preferencias epocales como las controversias teóricas sobre la novela. En España durante la primera mitad del siglo XIX, se sostenía una polémica sobre este género literario y su valer como diversión, vehículo moral o medio útil para reformar la sociedad. Antes de 1830, la novela fue más bien despreciada como género inferior destinado al entretenimiento de mujeres y jóvenes. Y precisamente durante aquella década de efervescencia romántica y del auge de la novela histórica—unas 110 novelas aparecieron entre 1830 y 1844—se intensificó aquel debate en el Ateneo de Madrid.[13] Por eso la inseguridad que sentía Avellaneda ante el género novelesco no sólo reflejaba el hecho personal de que en su obra anterior predominaba la poesía sino también la conciencia de que con *Guatimozín* incurría ella en un género, (el de la novela histórica) que carecía de antecedentes y de modelos. En el prólogo a *Dos mugeres*, alude a "su segundo ensayo en tan difícil género,"[14] compartiendo así los sentimientos de otros novelistas que aún se consideraban fundadores o restauradores de un género literario hace poco tiempo menospreciado.[15] El ataque de Avellaneda a la novela francesa también descubre una crítica negativa en general de la novela de bajo mundo, una crítica que se armaba tanto en Francia durante aquella época como en España. Sin embargo Avellaneda no iba tan lejos en sus juicios como Mesonero Romanos, por ejemplo, quien en 1839 se pronunció en contra de los "inmorales extravíos" y la intención revolucionaria de escritores franceses como Hugo, Dumas, Balzac, y Soulié.[16]

No obstante, a Avellaneda le atraía el género y en una carta a Neira de Mosquera dos años antes de la publicación de *Guatimozín*, deja constancia del progreso creativo en la escritura de aquella novela y su deseo de perfeccionar "este cuadro histórico de un país tan interesante, y de una época tan fecunda en glorias Españolas."[17] *Guatimozín* formaría parte de un gran florecimiento de la novela histórica en España e Hispanoamérica durante el siglo XIX, el iniciador de la cual todavía se discute entre los críticos de nuestro siglo. Alborg fija la fecha inicial del género en 1830 con *Los bandos de Castilla o El Caballero del Cisne* de Ramón López de Soler;[18] Peers con dos novelas escritas en inglés por el exilado Telesforo Trueba y Cosío, *Gómez Arias* (1828) y *The Castilian* (1829);[19] y Ferreras en 1823 con *Ramiro, Conde de Lucena* de Rafael Húmara y Salamanca.[20] Sin embargo, Ferreras como Anderson Imbert y Henríquez Ureña se refieren a *Jicoténcal* (1826) como la primera novela histórica en castellano sobre un tema americano.[21] Es interesante notar que en *Guatimozín* de la cubana Avellaneda se reunen algunas características de *Jicoténcal*—el historicismo, romanticismo e indianismo—de una novela, que según Luis Leal posiblemente sea de autor cubano también.[22]

No abundan los temas americanos en la novela histórica española del siglo XIX, sino los medievales y los musulmanes. Las de tema americano en general no retratan de modo favorable a los conquistadores. Entre ellas figuran *El inquisidor de México* (1835) de Joaquín Pesado, *El criollo* (1836) de J. R. Pacheco, *El nigromántico mejicano* (1838) y *El sacerdote blanco o la familia de uno de los últimos caciques de Cuba* (1839) de Ignacio Pusalgas y Guerris,[23] y *Pizarro y el Siglo XVI* (1845) de Pedro Alonso de Avecilla.[24] Sin embargo entre estas novelas históricas se destacan *La conjuración de Méjico o los hijos de Cortés* (1850) de Patricio de la Escosura, *Jicoténcal*, y *Guatimozín*, por la influencia del tema americano en un subgénero que florece hasta 1860: la novela histórica de aventuras escrita por entrega.[25]

En Cuba como en España se desarrolló una polémica sobre la novela histórica. En la *Revista Bimestre Cubana* a principios de 1832, Domingo del Monte alabó el género y destacó tres cualidades necesarias para su cultivo: la de ser poeta que inventa situaciones y caracteres con el espíritu de la época y del pueblo; la del filósofo con un conocimiento profundo del corazón humano; y la del anticuario no tanto de la cronología y los hechos como de las costumbres del siglo.[26] De contraria opinión, José María Heredia despreció la novela histórica llamándola un "género malo en sí mismo, género eminentemente falso."[27]

Guatimozín, concebida entre esta polémica, figura entre las primeras obras del siglo XIX que trata el tema de la conquista de México. Antes de su publicación en Matanzas en 1823, Heredia, crítico severo de la novela histórica, curiosamente esbozó unos actos de un drama histórico sobre el famoso tlascalteca Xicotencal, enemigo de los aztecas;[28] mientras en París, el colombiano Fernández Madrid, quien había residido en La Habana durante unos nueve años, publicó su tragedia *Guatimoc* (1827), reeditada en Londres (1828) y en Madrid (1835).[29] ¿Conoció esta obra la Avellaneda quien vivía en España desde 1836, y en Madrid desde 1840? Según reveló a su amigo Nicomedes Pastor Díaz, quien a su turno lo menciona en 1850 al público, Avellaneda a los doce años había escrito una tragedia, ahora perdida hasta la fecha, titulada *Hernán Cortés*.[30] En cambio, *Guatimozín* logró una difusión amplia, pues gozó de más ediciones que ninguna otra novela indianista en español.[31]

Historia

Ha sido blanco de la crítica de *Guatimozín* la ardua tarea de evocar y pintar las costumbres y los sucesos de un período lejano, conservando a la vez lo novelesco. Según unos, los hechos y personajes históricos de *Guatimozín* son tan bien documentados que eclipsan la ficción.[32] Mientras que otros, como Cotarelo y Mori, critican el exceso de historia no verdadera en *Guatimozín*.[33] De modo contradictorio, este mismo crítico se refiere a la tercera novela de Avellaneda, *Espatolino*, y elogia a su autora por su conocimiento de lugares y costumbres extranjeros y el "respeto a la verdad, que como se ve en nada limita los vuelos de la imaginación . . . ."[34] Añade, a nuestro parecer contradictoriamente, que a diferencia del cuidado de Avellaneda, casi ningún novelista español de aquella época se ocupaba de leer las antiguas crónicas.

Es cuestionable el juicio negativo de Cotarelo y Mori sobre la falta de historicidad de *Guatimozín* y por lo tanto creemos que es de suma importancia aclarar cuáles son los episodios históricos y cuáles los fictivos. Esclarecer la línea divisoria entre historia y ficción revelará la maestría de Avellaneda en intuir civilizaciones y en utilizar las crónicas para comentar no sólo sobre el proceso histórico sino sobre la sociedad de su época.

Avellaneda se sirve de varias crónicas para sentar las bases históricas de su novela: *Cartas de relación. De la conquista de Méjico* de Hernán Cortés, *Historia verdadera de la conquista de la Nueva España* de Bernal Díaz del Castillo, *Historia antigua de Méjico* de Francisco Javier Clavijero, *Historia de la conquista de Méjico* de Antonio de Solís, y *The History of America* de William Robertson. Su interés en las crónicas del Nuevo Mundo renace cuando unos veinticinco años después de la primera edición de *Guatimozín*, publica (en sus *Obras literarias* [1871]), una "leyenda americana," "El cacique de Turmequé," documentada en *El carnero* de Juan Rodríguez Freile.

En *Guatimozín* Avellaneda se sirve de las fuentes históricas con lujo de detalle y exactitud: batallas, hazañas heroicas, masacres, plagas, citas de los testigos/personajes como Cortés y Díaz del Castillo; información sobre la flora, fauna, y geografía de México; descripciones de costumbres e instituciones indígenas—ritos religiosos, entierros, fiestas, gobierno, jerarquías de clases sociales; cultura indígena—lenguaje, poesía, teatro; relaciones entre españoles e indios—esclavitud, venta de indios por los conquistadores. Como si fuera cronista también, Avellaneda corrige datos erróneos; compara comentarios entre los cronistas sobre el mismo hecho, suceso, o palabra indígena y opta por ciertos detalles en lugar de otros; anota discrepancias de fechas y comentarios contradictorios del mismo cronista; y critica a todos por la falta de información genealógica sobre Guatimozín. De esta manera, a través de la narración y las notas explicativas al pie de la página, la autora sostiene una especie de diálogo con los primeros cronistas de América, imitándolos cuando los critica—como lo había hecho Díaz del Castillo con Gómara, Solís con Las Casas o Clavijero con Robertson. De vez en cuando señala preferencias: por ejemplo, recuerda que Díaz del Castillo como "testigo ocular merece el crédito que alguna vez le rehusamos por no considerarse bastante imparcial" (p. 441), o utiliza una adjetivación elogiosa para describir al "célebre Robertson" y su "imparcial y filosófica *Historia de las Américas*" (p. 324). A veces parte de lo histórico y lo altera, explicándonoslo en una nota (p. 317). Pero la mayoría de la información histórica la presenta la narradora/historiadora Avellaneda, o de vez en cuando, algún personaje como es el caso

del anciano ministro Guacolando cuando describe el sistema guber-
namental de los aztecas.

Ficción

De igual importancia en una novela histórica es la vertiente ficticia
como lo señala el argentino Vicente Fidel López, en una carta-prólogo
a su propia novela histórica *La novia del hereje* (1854):

> A mi modo de ver, una novela puede ser estrictamente histórica sin
> tener que cercenar o modificar en un ápice la verdad de los hechos
> conocidos. Así como de la vida de los hombres no queda más recuerdo
> que el de los hechos capitales con que se distinguieron, de la vida de los
> pueblos no quedan otros tampoco que los que dejan las grandes peri-
> pecias de su historia. Su vida ordinaria, y por decirlo así *familiar*, de-
> saparece; porque ella es como el rostro humano que se destruye con la
> muerte. Pero como la verdad es que al lado de la vida *histórica* ha existido
> la vida *familiar*, así como todo hombre que ha dejado recuerdos ha tenido
> un rostro, el novelista hábil puede reproducir con su imaginación la parte
> perdida creando libremente la *vida familiar* y sujetándose estrictamente
> a la vida histórica en las combinaciones que haga una y otra para
> reproducir la verdad completa.[35]

De acuerdo con estas ideas de Fidel López y las antes citadas de del
Monte sobre el papel tripartito del autor—poeta, filósofo de lo humano
y anticuario—las escenas novelescas de *Guatimozín* además de dra-
matizar y adornar hechos históricos, intuyen el drama de la vida familiar, o sea, la historia olvidada por las crónicas de la época.

En la novela hay varias escenas cuyo dinamismo novelesco, debido
al don dramático de la autora, parece desmentir su origen verídico en
la crónica de Bernal Díaz del Castillo. Por ejemplo, son históricamente
comprobables las escenas siguientes: el atentado contra la vida de
Cortés por parte de los indígenas Naothalán y Cintal para vengar la
muerte de su padre Qualpopoca, el consejo que da el astrólogo Botello
a Cortés durante la Noche Triste, el episodio en que un soldado recobra
la insignia del ejército español, una batalla en que otro soldado ayuda
al herido Cortés, y el descubrimiento y resolución de la traición de
Villafaña contra Cortés. Incluso hay por lo menos dos instancias de
tempestades, típicamente románticas, y sin embargo, sólo una es ficticia, la que refleja en la naturaleza la crisis de la viruela que padece
Gualcazinla y Uchelit, esposa e hijo ficticios de Guatimozín. En cambio,
la fiera tempestad desatada cuando caen presos Guatimozín, su familia
y los últimos príncipes aztecas realmente ocurrió y fue documentada

brevemente por Díaz del Castillo: "Llovió y relampagueó y tronó aquella tarde y hasta media noche mucho más agua que otras veces."[36]

Tal vez de mayor interés que los sucesos históricos de hombría, guerra, y valentía—verídicos aunque alterados por la invención dramática—son otras escenas novelescas en que la Avellaneda recrea la historia humana, escondida y perdida, en episodios urdidos por su imaginación y convicciones sociales. Con ellos realiza la contracara de la crónica varonil al evocar la ternura familiar, el amor y los celos entre parejas, la nobleza de amistades entre españoles e indígenas, y las flaquezas y angustias de personajes principales como Moctezuma, Guatimozín, y el conquistador mismo Cortés. Por ejemplo, la Avellaneda trata detenidamente el amor entre Velázquez de León y la joven Tecuixpa, hija de Moctezuma, una relación que despierta la ira del pretendiente de ella, el príncipe Cacumatzín. Este triángulo amoroso que despierta rivalidades y celos desemboca en un respeto mutuo entre los pretendientes, pues primero Velázquez de León salva al príncipe azteca de un grupo de soldados españoles. Y éste luego le paga el favor cuando en vano trata de libertarle del asedio de los indios, después lo devuelve herido a Tecuixpa, y finalmente lo entierra con nobleza. Al amor de ciertas parejas, hay que añadir el amor filial en escenas entre los Xicotencalt, padre e hijo rebelde; la tierna amistad entre Moctezuma y Velázquez de León, cuando éste se despide de aquél; y la compasión compartida entre el emperador Moctezuma y el joven Guatimozín en momentos de consternación y tristeza cuando aquél llora su destino ante éste.

Las reacciones a los estragos de la guerra, que ocurren por la mayor parte en diálogos entre los indígenas o en la voz de la narradora, también reflejan otra faz poco visible de las crónicas de la conquista. En éstas hay pocas alusiones amistosas; por ejemplo, ante la ruina del imperio azteca, Cortés exclama "Yo no los quería destruir sino ser su amigo";[37] y Díaz del Castillo se refiere a Velázquez de León como "amigo e servidor de Montezuma."[38] En cambio en las escenas fictivas la autora se concentra mucho más que los cronistas en las relaciones de comprensión, amistad y amor, las que difícilmente cabían en las primeras crónicas bélicas de estrategias militares y subyugación o en las crónicas más tardías e informativas sobre las culturas autóctonas.

De particular interés son las escenas novelescas que ocurren entre mujeres en momentos de crisis, pues obviamente faltan tales reacciones femeninas en las historias oficiales de Indias. Por lo tanto, podemos considerar estas escenas inventadas, en su totalidad por Avellaneda, la única mujer del siglo XIX que escribía novelas históricas en español.

Con la excepción de una andaluza que aparece en el epílogo de la
novela y de doña Marina, las figuras femeninas pertenecen a la nobleza
azteca, y entre ellas, la autora se detiene más en dos supuestas hijas
de Moctezuma, la adolescente Tecuixpa enamorada del español Velázquez de León y la joven Gualcazinla, supuesta esposa de Guatimozín. Curiosa ficción, la que urde Avellaneda a base de la historia,
pues según Clavijero, la princesa Tecuixpotzín era en realidad la hija
de Moctezuma, pero también era la viuda del rey Cuitlahuatzín, a la
cual luego tomó por mujer el emperador Guatimozín.[39] Avellaneda en
cambio crea la figura ficticia de Gualcazinla haciéndola esposa de Guatimozín, y así libera a Tecuixpa de su histórico compromiso matri-
monial. La convierte también en ente ficticia cuando le hace gozar de
una relación amorosa con Velázquez de León. Sabida es que durante
la conquista hubo relaciones entre indias y españoles, pero la relación
amorosa que urde Avellaneda entre Tecuixpa y Velázquez de León es
noble, tierna y romántica y por lo tanto carece de las violaciones le-
gendarias atribuidas a la conquista. La novelista también libra a Velázquez de León de sus compromisos históricos matrimoniales, pues
según Clavijero, el príncipe tlaxcalteca Maxixcatzín había dado su hija
Elvira a Velázquez de León, y ambos murieron durante la Noche
Triste.[40] Avellaneda seguramente no ignoraba esta información porque
adquirió de Clavijero otros datos interesantes como el siguiente que la
autora manipuló a su manera. Cuando en la novela, Velázquez de León
se despide de Tecuixpa, le ruega que si muriera él, ella recibiría el
bautismo con el nombre de la madre de Velázquez de León, Isabel. Y
aunque según las crónicas nunca intervino Velázquez de León de ese
modo en la vida de la princesa indígena, dice Clavijero que Tecuixpatzín fue efectivamente bautizada Isabel Moctezuma.[41] En el epílogo
de la versión original de *Guatimozín*, Marina menciona a la andaluza
que llaman Tecuixpatzín a la hermana de Gualcazinla, "y doña Isabel
Motezuma los españoles" (p. 561).

Además de estas coincidencias intencionadas, Avellaneda inventa
varias escenas en que las mujeres revelan sus pensamientos en momentos críticos: cuando toman preso a Moctezuma, se describen las
diversas reacciones contradictorias tanto de los príncipes—venganza,
cautela, fidelidad hacia Moctezuma—como de las princesas—confianza
en la bondad de los españoles e indignación ante la afrenta. Si las
mujeres lloran la desgracia, los hombres vierten también lágrimas a su
manera, en palabras de impotencia contra los españoles: "y si con
lágrimas y no con sangre lavamos el ultraje del monarca—exclama
Guatimozín—su voluntad sagrada es la causa" (p. 275). Durante la
Noche Triste, las mujeres inactivas y agónicas sostienen una conver-

sación sobre la maternidad y la virginidad: ¿es mejor ser esposa y madre favorecida de los dioses (Gualcazinla) o flor sin fruto y virgen sin hijos ni dolor (Tecuixpa)? Luego ésta retoma el tema amargado de la mujer sin hijos para consolarla cuando, vestida de luto por la muerte de Velázquez de León, filosofa sobre las esperanzas del hombre, tan frágiles y fugaces como él.

El interés en este tema de la maternidad como consuelo por el hombre perdido aparece en la obra de Avellaneda durante los mismos años en que ella tuvo con Tassara una hija, la que murió antes de cumplir un año, y a quien Tassara no quiso aceptar como suya. Sin embargo no es la primera vez que Avellaneda se acerca al tema de la maternidad, pues cuatro años antes de la publicación de *Guatimozín*, en su novela *Dos mugeres* (1842), cuando la protagonista Catalina se encuentra encinta con el hijo de su amante Carlos, la mujer de éste, Luisa, concede a la amante Catalina el derecho sagrado de esposa: "Pero ya no era posible: Catalina no era ya únicamente una seductora amante, una sublime amiga. La naturaleza revistiéndola de un augusto carácter, de un indisputable derecho, la ligaba a Carlos con el más dulce y más santo de los vínculos."[42] En *Guatimozín*, no sólo la maternidad sino también la paternidad se dejan asomar en una escena en que Gualcazinla hace recordar al nuevo emperador su olvidada paternidad, contrastando la tierna vida familiar con la bélica: "¡Guatimozín!—dijo la joven soberana:—¿no piensas ya sino en la gloria? ¿Olvidas que eres padre porque te ves rey? ¿No tienen ya tus labios besos para Uchelit, y sólo guardas en el pecho deseos de venganza y ambición de triunfos?" (p. 435).

Es verdad que las jóvenes princesas, Gualcazinla, de unos veinte años, y Tecuixpa de unos quince, se nos presentan en los papeles tradicionales de madre-esposa y novia respectivamente. Aquélla como noble y tranquila, sin cobardía ni bajeza de pensamientos; y ésta como vivaz niña, hechicera y caprichosa, con la altivez de una princesa y la sumisión ante su amante. Pero en la novela, hay otra mujer cuya presencia no es tradicional en las batallas decisivas de la conquista de Tenoxtitlán. Es "la varonil Quilena, princesa de Tlacopán," quien representa para sus jóvenes hijos de dieciséis años el dechado del guerrero frente al esposo viejo y pasivo. Vestida de coraza del soldado, carcax, lanza y escudo, esta "altiva hembra" creada por Avellaneda prefiere la muerte a la ignominia de la esclavitud ante los españoles. El ejemplo inusitado de esta "amazona," "aunque no exactamente imitado—dice la narradora—produjo su efecto en el ánimo de las bellas habitadoras del alcázar imperial" (p. 517). La amazona Quilena, a quien fatalmente siguen sus hijos en la batalla, es retratada con la espada teñida de la sangre del adversario, y el brazo herido y sangrando. Cuando entre los cadáveres Quilena encuentra a la princesa de Zopanco, velando su esposo muerto, le aconseja que arroje su cuerpo al lago, como hará ella con los de sus propios hijos muertos, pues considera el agua más libre que la tierra y "en ella por lo menos—asegura Quilena—no imprimirán sus huellas los viles robadores que han venido para apropiarse nuestra tierra" (536). Aquel día la princesa de Zopanco cuenta a las otras princesas el horrible espectáculo de Quilena cuando degüella a dos españoles, bebe su sangre, y se lanza al agua abrazada a sus dos hijos muertos.

Esta valentía agresiva difiere bastante de la de Gualcazinla, por ejemplo, cuando siente ésta la amenaza de los españoles y pide a su esposo Guatimozín que mate al hijo Uchelit para librarlo de la infamia de caer esclavo del invasor; ella se encuentra incapaz de hacerlo. Aunque el emperador tampoco lo puede hacer, en otra escena anterior, otro indio preso había conseguido matar a su propia hija para evitar que se entregara como esclava-concubina al cruel Alvarado. No es hasta el epílogo de la novela, después de que ahorcan a Guatimozín que Gualcazinla misma en vano reclama venganza con un atentado contra la vida de Cortés. No obstante su fracaso, es de interés notar cómo la crítica cubana contemporánea, Mary Cruz, basándose en la lengua náhuatl y en la alteración de ésta por los españoles, sugiere que el nombre de Gualcazinla connote "el respeto" debido a la mujer que trata de vengar la muerte injusta del último emperador de México. Gualcazinla—o sea, Ualcazintla—, nombre inventado por Avellaneda, contiene dos raíces: "*ual-ca*, que significa más, y *tzin-tli*, sufijo que se usa para formar diminutivos y que tiene, además de la acepción de pequeñez, las de 'gracioso' y 'respetado' " que Cruz descifra como "*Ualcatzintli*, 'la más respetada.' "[43]

La figura de la amazona indígena no aparece en las crónicas que consultó Avellaneda, aunque Clavijero se refiere una vez a unas amazonas españolas que habían cobrado bríos militares al seguir a sus maridos a la guerra.[44] Según Cruz, Dorantes de Carranza asegura que Cuauhtémoc "hizo vestir y armar a todas las mujeres de la ciudad con sus armas, rodelas y espadas, para que peleasen como hombres, haciendo demostración por las calles, azoteas y terrados en gran número de gente."[45] Avellaneda quien ciertamente ignoraba tal información, no obstante, ha nombrado amazonas a otros personajes femeninos de sus obras, las que en general han tenido varios amantes y se presentan montadas a caballo: por ejemplo, Catalina de *Dos Mugeres* es la "elegante amazona" [46] mientras la bella Estrella de la leyenda americana

"El cacique de Turmequé" se describe como "la gallardísima amazona."[47]

Avellaneda misma había sido llamada amazona por una poeta española contemporánea, Carolina Coronado: "Es, en efecto, la amazona de nuestro Parnaso; y mejor era que la hubiesen dado desde luego esta calificación los doctos varones que se empeñaban en que varón había de ser, porque es más fuerte que nosotras. Es más fuerte, no porque es hombre-poeta, sino porque es poetisa-amazona."[48] Y otro contemporáneo, Juan Martínez Villergas, la pinta como guerrera cuando mantiene que "Esta señora es de los pocos autores que entre nosotros tienen carácter propio; y digo *autores*, tratándose de una señora, no sólo porque la palabra es común de dos, sino porque hay en el corazón de la Avellaneda tal energía, tal virilidad, que hubiera sido hombre capaz de las más heroicas hazañas si hubiera consagrado a la espada el tiempo que ha dedicado a las bellas letras."[49] Aunque con este comentario Villergas no pensaba alabarla sino criticarla, las heroicas hazañas a que alude—motivadas por la ambición, la gloria o la fama—son el foco alrededor del cual podemos entender el interés que tiene la Avellaneda en figuras masculinas como Cortés, Moctezuma, y Guatimozín, y en mujeres de papeles poco tradicionales como la amazona Quilena o Catalina de *Dos mugeres*. Es precisamente en *Dos mugeres* cuando Catalina cuenta a Carlos su vida que Avellaneda establece una relación entre la ambición del hombre y la de la mujer, ésta limitada por las normas de la sociedad:

> Y ¿qué otra cosa puedo desear ni esperar? Cuando se llega a este estado, Carlos, en el cual las ilusiones del amor y de la felicidad se nos han desvanecido, el hombre encuentra abierto delante de sí el camino de la ambición. Pero la mujer! ¿qué recurso le queda cuando ha perdido su único bien, *su único destino: el amor*. Ella tiene que luchar cuerpo a cuerpo indefensa y débil, contra los fantasmas helados del *tedio y la inanición*. Oh! cuando se siente todavía fecundo el pensamiento, la sangre hirviente, el alma sedienta, y el corazón no nos da ya lo que necesitamos, entonces *es muy bella la ambición*. Entonces es preciso ser guerrero o político: es preciso crearse un combate, una victoria, una ruina. El entusiasmo de la gloria, la agitación del peligro, la ansiedad y el temor del éxito, todas aquellas vivas emociones del orgullo, del valor, de la esperanza y del miedo . . . todo eso es una vida que comprendo. Sí, momentos hay en mi existencia en que concibo *el placer de las batallas, la embriaguez del olor de la pólvora, la voz de los cañones;* momentos en que penetro en el tortuoso camino del *hombre político*, y descubro las flores que *el poder y la gloria* presentan para él entre las espinas que hacen su posición más apacible . . . . pero ¡la pobre mujer, sin más que un destino en el mundo! ¿qué hará, que será cuando no puede ser lo que únicamente le está permitido?[50]

Catalina, su personalidad y sus palabras parecen reflejar las de la protagonista de *Lélia* (1833), una novela que George Sand escribió durante la segunda década de su vida, más o menos a la edad de la Avellaneda cuando ésta escribió y publicó sus *Dos mugeres* (1842):

> ... je ne sais comment faire pour supporter *l'ennui d'exister*. ... Le calme lui faisait peur, le repos l'irritait. Il lui fallait des obstacles, des fatigues, des jalousies dévorantes à concentrer, des ingratitudes cruelles à pardonner, de grands travaux à poursuivre, de grandes infortunes à supporter. C'était une carrière, c'était une gloire; homme, j'eusse aimé *les combats, l'odeur du sang, les étreintes du danger;* peut-être *l'ambition de régner par l'intelligence,* de dominer les autres hommes par des paroles puissantes, m'eût-elle souri aux jours de ma jeunesse. Femme, je n'avais qu'*une destinée noble sur la terre, c'était d'aimer.* J'aimai *vaillamment* ... .[51]

En efecto en la novela *Guatimozín*, Avellaneda—en consonancia con las palabras de su personaje Catalina—se crea un combate vía la amazona Quilena, una victoria vía Cortés y una ruina vía Moctezuma y Guatimozín.

Cortés: elogio y crítica

Pensamos con Ferreras que si en una novela histórica de origen romántico, los protagonistas son bien conocidos—el caso de Cortés, Moctezuma y Guatimozín—"han de ser como el héroe ideal al que aspira el escritor."[52] La ambición frustrada de la mujer española de su época, y concretamente de Avellaneda, se concentra en el personaje del conquistador Cortés en *Guatimozín* donde su caracterización revela las caras contradictorias del héroe ideal y ésta sugiere unos comentarios críticos sobre la historia y la época de la autora. En la figura de Cortés se encarna la noble ambición negada por la sociedad a las mujeres. Avellaneda sufrió en carne viva esta limitación social en su fracasada tentativa de ser aceptada por la Real Academia Española simplemente "por la cuestión del sexo," como se lo dice el Marqués de la Pezuela en 1853: "En mi juicio, casi todos valíamos menos que usted ... ."[53]

Para entender mejor la actitud de la Avellaneda ante los héroes de dos culturas, veamos primero la caracterización de Moctezuma. Por un lado lo retrata como déspota soberbio, ambicioso, y atrevido que inspira respeto y temor, y por otro como liberal, magnífico, y justiciero. En sus conversaciones con Cortés, Moctezuma revela talento y buen juicio, aun cuando desde el principio el aura de la fatalidad lo rodea. A lo largo de las primeras secciones de la novela se convierte en figura patética, triste, resignada y humillada aunque siempre benévola y orgullosa en su tratamiento con Cortés.

En cambio Avellaneda parece prestar más atención al carácter de Guatimozín cuando está entre los príncipes y su familia que en sus relaciones con Cortés. Se constata el interés de Avellaneda en el último emperador de México cuando la autora se queja de la falta de información que proporcionan los cronistas sobre la genealogía de una figura tan ilustre. Como consecuencia, Avellaneda se consagra a cantar los nombres de los príncipes mexicanos "esclarecidos por la gloria ya que no por la fortuna, [quienes] han sido tragados por el olvido, sin que exista nación que los consigne en su historia ni poeta que intente revivirlos" (p. 360). Al referirse a la fama del caudillo Cortés, señala su propósito de reivindicar la gloria de Guatimozín: "Aún no había comprendido el caudillo el fuerte temple de aquella alma, verdaderamente real: no había adivinado, no, que el destino le concedía por víctima a uno de aquellos seres magnánimos, que eclipsados al resplandor de otra gloria enemiga, quedan muchas veces confundidos en las páginas históricas de sus inevitables desastres; hasta que inspirada algún día la entusiasta mente del poeta, descubre, al través de las nubes del inmerecido infortunio, la santa aureola de la olvidada gloria . . . " (p. 538). Se nos presenta a Guatimozín, bondadoso, dulce, y tierno con su esposa; valiente y prudente con el pueblo; y juez de la infamia de Cortés cuando, en el epílogo de la novela, Guatimozín le increpa ante su Dios cristiano por el crimen de matar a un inocente: "¡Muero inocente!—exclamó,—muero inocente aunque se me haya condenado a la muerte de los facinerosos. ¡Hernán Cortés! Dios te demande cuenta de esta sentencia; yo la bendigo porque me liberta de una vida desventurada aunque soportada con digna resignación" (p. 562).

Como veremos en adelante, igual que su personaje, la narradora culpa a Cortés por este acto político. No obstante en general, la valoración de Cortés hecha por Avellaneda es mucho más contradictoria que la que hace de los emperadores indígenas, y ciertamente más complicada que la explicación maniqueísta que varios investigadores de esta novela suelen ofrecer.

A pesar del aparente protagonismo de Guatimozín en la novela— por el título de la obra y por los episodios novelescos—Avellaneda parece atraída a la figura de Cortés y lo trata con mucho detenimiento redondeando su personalidad más allá de las descripciones que encontramos en las crónicas. Por un lado lo concibe severo, poderoso y arbitrariamente autoritario, y por otro, dotado de una astucia política y una destreza militar. Sagaz, prudente y persuasivo, inspira temor con su fría razón y reparte justicia según su utilidad. Cuando lo compara con Alvarado destaca en éste la crueldad bárbara, dureza de corazón, imprudencia colérica, codicia insaciable, y violencia feroz, exentas de la ambición de un Cortés quien sabía disfrazar la crueldad de conveniencia política. "Con sus crueldades conquistó el uno un imperio: con sus crueldades arriesgó el otro, más de una vez, el éxito de aquella grande empresa" (p. 351).

La crítica de Cortés alterna con su panegírico; florece éste en el último tomo cuando Cortés es objeto de la conspiración de Villafaña. La Avellaneda elogia a Cortés como "una de las más grandes figuras que puede presentar la historia . . . tipo notable de su nación en aquel siglo en que era grande, guerrera, heroica, fanática y temeraria" (p. 492). Sobre todo lo ubica en su contexto histórico tanto para criticarlo como para elogiarlo, y en particular para destacar su genio y ambición. Sobre la envidia ocasionada por la superioridad del genio, nos ofrece una explicación en el tercer capítulo del último tomo de *Guatimozín*, la que intencionadamente conserva en "Una anécdota de la vida de Cortés" cuando publica ésta en sus *Obras literarias* como único vestigio del epílogo original revisado: "Nunca se ejerce impunemente la superioridad del genio. Nunca los hombres que dominan a sus iguales por la sola alteza de su pensamiento logran inspirar aquella ciega veneración que sin dificultad tributamos a la excelsitud del nacimiento . . . . Al levantarse los grandes hombres de todos los siglos, de todos los países, han sido siempre anunciados por el instinto repulsivo de las medianías . . . " (p. 491).

Avellaneda considera la vida de tales genios "un perpetuo combate" contra una multitud mediocre que puede valerse de las armas del odio y de la calumnia. He aquí conceptos sobre el genio que Avellaneda no sólo atribuye a su personaje viril Cortés sino también al personaje femenino Catalina, de quien hemos hablado. En *Dos mugeres*, ésta explica su naturaleza a Carlos: ". . . mi misma inteligencia, ese inapreciable don que nos acerca a la divinidad, era para los espíritus medianos una cualidad peligrosa, que tarde o temprano debía perderme."[54] En otro pasaje de la misma novela la narradora se refiere a la malignidad y envidia que persiguen a las inteligencias elevadas y brillantes como ella.[55] Las consecuencias de la ambición y del genio parecen afectar tanto al héroe de la conquista de México como a la mujer española, con una notable diferencia: son la gloria de aquél y la frustración o pérdida de ésta.

Apelando a la superioridad del genio y a su circunstancia histórica, Avellaneda intenta reivindicar las crueldades y flaquezas de Cortés durante la conquista de México. En el proceso, la autora ofrece comentarios sociales sobre la religión y la guerra, increpando tanto a los españoles como a los indígenas su fanatismo. No obstante, en ningún momento perdona a Cortés su conducta injusta. Por ejemplo, cuestiona su búsqueda de gloria en un notable diálogo novelesco entre el conquistador y Moctezuma, en que éste demuestra compasión mientras aquél reflexiona sobre su propia ambición:

> —No eres malo, capitán; sin duda un maligno espíritu, posesionado a veces de tu ánimo, es el que te ha dictado algunas acciones que nunca pudieran ser hijas de tu corazón.
>
> —La gloria,—contestó Cortés, más bien como hablando consigo mismo que contestando al emperador,—la gloria es a veces una deidad cruel, que vende muy caros sus favores. (p. 293)

La crueldad y la ruina desmesuradas se exponen en palabras de la narradora y en citas que ésta toma de las cartas de Cortés. Noten los adverbios. Según Avellaneda los españoles se vengaron "horriblemente" de cualquier resistencia y saquearon, mataron, y se entregaron al pillaje "con vergonzoso extremo" (p. 478). Refiriéndose a la toma de Tenoxtitlán exclama, "¡Jamás se ha verificado tan completo saqueo! ¡jamás se escribirá en la historia de las conquistas victoria tan sangrienta!" (pp. 537–38) Parece suavizar el juicio en palabras históricamente verídicas de Cortés al rey con las que expresa su "lástima y dolor que pereciese aquella multitud, y quise otra vez ofrecerles la paz" (p. 538). Repelida por la tarea de imaginar y pintar el cuadro sangriento de los últimos esfuerzos de los aztecas en contra de lo que ella denomina, en todo su contradictorio sentido, "aquella conquista *inhumana* aunque *gloriosa,*"[56] no deja de citar el comentario de Cortés sobre la peor crueldad de sus aliados indígenas, los tlaxcaltecas (p. 542). Así el conquistador encuentra clementes a los españoles en comparación con los "americanos," "sus feroces auxiliares." Parecido al proceso que Avellaneda utilizó para suavizar las acciones de Cortés comparándolo con Alvarado, proceso ya señalado, estos contrastes entre conquistadores y aliados indígenas también relativizan las crueldades de los españoles.

Incluso hay pasajes en que la narradora comenta la falta de opciones políticas que tenía Cortés en proseguir con la conquista—la victoria y la gloria por un lado, y por otro, la muerte o la afrenta del presidio para un traidor de la autoridad de Diego Velázquez: "Para él no había pues otra alternativa en aquel conflicto que el deshonor o la muerte. La elección de un noble español no podía ser dudosa" (p. 341). Y en oposición al horror de la masacre de los indígenas y la ruina de su civilización ya realizados, antepone su admiración por la estrategia de Cortés al emprender su plan militar contra Tenoxtitlán: "el plan más vasto y atrevido que jamás concibiera entendimiento humano: ¡el bloquear a Méjico!" (p. 439) Para atenuar la dureza de carácter del héroe español, Avellaneda introduce pensamientos que Cortés pudiera haber experimentado: compasión y vergüenza ante Moctezuma en grillos, pesar ante su muerte, indignación tardía ante la crueldad de los que torturan a Guatimozín y al príncipe de Tacuba para arrancarles el secreto del tesoro.

De suma importancia en esta caracterización de Cortés es el hecho de que Avellaneda lo encuadra dentro del marco de su época, y opina sobre los excesos del español y del indígena. Cuando discute los sacrificios religiosos de éstos, los sacerdotes son verdugos y aves de rapiña, el rito es bárbaro, y el altar nefando. Se desvía de su antipatía por los cuadros feos cuando describe de modo imparcial y veraz y con detalle sensorial, los horrores del sacrificio humano que deshonra, según ella, la religión de los aztecas: "Reinó por un instante silencio profundo: oyóse en seguida el áspero sonido de la carne que rasgaba lentamente el filo del pedernal: vióse saltar la sangre sobre los mármoles de la capilla, manchando los blancos hábitos de los sacrificadores" (p. 425). Tal vez de mayor importancia es el hecho de que compara estos ritos bárbaros a los de Egipto y Grecia, y establece relaciones con las nefastas costumbres de la Península, en especial las de la Inquisición española: ". . . la culta Europa inmolaba también víctimas humanas al Dios de amor y de misericordia, con tan fanático celo como los *bárbaros* de Méjico a sus belicosas deidades. ¿Buscaremos rasgos de una civilización más adelantada que la que se lee en la sangrienta piedra de los Teocalis mejicanos, en las hogueras de la inquisición, a cuya fatídica luz celebraba España el acrecentamiento de su poder y los nuevos resplandores de su gloria?" (p. 429). Los cronistas como Clavijero también servían de contrastes entre las culturas de los dos Mundos, el Viejo y el Nuevo, defendiendo a veces América, pero pocas veces desarrollaron una crítica tan acerba de las instituciones religiosas. Es más, Avellaneda coloca a Cortés dentro de este marco de fanatismo que ella condena como falla de su talento: "Participaba también de aquella feroz superstición de su época, en que un celo religioso mal entendido hacía que no se considerasen como hombres a los que no profesaban las mismas creencias. Venía de una tierra poblada de hogueras inquisitoriales, donde casi era un rito religioso o un artículo de dogma el aborrecimiento a los *infieles y herejes*. Su gran talento no bastaba a hacerle superior al espíritu de su siglo y al carácter de su nación . . . " (p. 283).

Otro novelista español del mismo período, Pedro Alonso de Avecilla, en su *Pizarro y el Siglo XVI* (1845), también disculpa a los españoles que conquistaron a los incas atribuyendo su conducta con los indios a un fanatismo del siglo.[57] Avellaneda parece subscribir esta defensa circunstancial del conquistador. Incluso en otra novela suya, *Dos mugeres*, un personaje comenta por medio de una pregunta retórica que "los crímenes no son regularmente sino el efecto de las grandes cualidades exageradas y mal dirigidas por los acontecimientos y las circunstancias . . . ."[58] Aun Moctezuma en *Guatimozín* sucumbe a las circunstancias. Al principio de la novela no sólo resiste el celo misionero de Cortés sino que defiende ante él la tolerancia religiosa: "todos los dioses son buenos, y . . . los míos deben ser respetados por vosotros" (p. 232). Sin embargo, después de la destrucción de sus ídolos, Moctezuma se vuelve tan ciego e intolerante "como los cristianos de aquel tiempo." El fanatismo, según Avellaneda, no es propiedad exclusiva del español, pues el aliado de Cortés, Xicotencalt padre, bautizado don Lorenzo de Vargas, en poco tiempo llega a ser la personificación del siglo XVI. Así la autora lo pinta mientras reza: " . . . un observador imparcial se hubiera maravillado, creyendo encontrar en aquel indio republicano la personificación exacta del fanatismo de sus extranjeros dueños; el tipo perfecto de aquella época de fe y aberración, en que la causa de Dios no era en Europa la de la humanidad, en que se enseñaba el dogma de la misericordia con la punta de la espada, con la llama de la hoguera, y se plantaba el altar de la hostia, cándida y pura, afirmando sus cimientos en su suelo enrojecido por inocente sangre" (p. 498).

La repetida crítica de la Inquisición española del siglo XVI resulta más fuerte que la de los sacrificios humanos de los aztecas. Refiriéndose a su propio siglo Avellaneda también menciona la Inquisición en *Dos mugeres*, cuya acción tiene lugar en 1817 en España, cuando al principio de la novela, la devota Leonor maldice a los franceses por el contagio de las malas costumbres y se declara enemiga de José Bonaparte, mientras su hermano Francisco le hace recordar que los invasores abolieron la Inquisición.[59] De hecho, la Inquisición se impuso de nuevo con la vuelta al poder del rey Fernando VII en 1814.[60] Incluso en sus *Memorias*, escritas en 1838 en Sevilla, Avellaneda menciona el fanatismo y la superstición de su propia época, dejando constancia de sus impresiones durante una visita a la catedral de Santiago de Compostela en 1836: "Dícese que en una capilla está el cuerpo del apóstol Santiago, y en la misma se encierran otras muchas reliquias de Santos, sobre las que el fanatismo y la superstición han hecho un velo de ridículo que destruye en gran parte el efecto religioso que debiera producir."[61]

La denuncia de la Inquisición forma parte de la temática de la novela histórica en América durante el siglo XIX. En fecha tan temprana como 1835 aparece un cuento del mexicano Joaquín Pesado "El inquisidor de México" que da ímpetu a una serie de novelas: *La novia del hereje o la Inquisición de Lima* (1845–50) publicada en Chile por el argentino Vicente Fidel López, *La hija del judío* (1848–50) del mexicano Justo

Sierra, *El Inquisidor Mayor o historia de unos amores* (1852) y su secuela *Los dos hermanos* del chileno Manuel Bilbao, *Monja y casada, virgen y mártir* (1868) y su secuela *Martín Garatuza* (1868) del mexicano Riva Palacio, y *Sacerdote y caudillo* (sin fecha) del mexicano Juan A. Mateos.[62] A diferencia de *Guatimozín*, estas novelas no tratan la influencia de la Inquisición en el carácter de los conquistadores de México y en particular en Cortés y los mismos indios conversos, sino en los colonistas y muchas veces sobre el destino y la propiedad de unos supuestos judíos, y casi siempre en intrigas amorosas.

El interés de Avellaneda es otro. Sus observaciones sobre el fanatismo del Santo Oficio se ligan directamente con la desmesura, y por consiguiente a la barbarie del conquistador Cortés y sus seguidores. Es más, si uno compara el carácter de los españoles anónimos con el de los indios anónimos de la novela, la bondad de éstos sobresale. Ante la reiterada codicia de los soldados aventureros, por la mayor parte se retrata a los mexicanos como un pueblo de pocos excesos contrarios a la razón o a la decencia. Así los pinta Avellaneda, nobles y pebleyos mezclados, en una escena de baile popular. El comentario favorable no invalida la opinión negativa que expresa en otro lugar sobre los enemigos de los aztecas, los tlascaltecas aliados de Cortés; éstos son sencillos, bélicos y fieros republicanos. Sin embargo, en boca de los españoles en general los indios son "ignorantes idólatras," mientras los blancos, según los aztecas, son "bárbaros vencedores" y "advenedizos codiciosos." La caracterización de los dos grupos carece del fácil maniqueísmo que a los críticos les gusta utilizar para demostrar que Avellaneda favorece a los indígenas. Es posible que esta impresión se deba a la empatía de la novelista por el destino de los vencidos. Por ejemplo, varias veces lamenta el porvenir funesto de Moctezuma y, basándose en Díaz del Castillo, destaca la patética esclavitud de los vencidos, herrados y vendidos en pública almoneda.

Historia y actualidad: Siglo XIX

"El autor romántico de la novela histórica—sugiere Ferreras—busca en el pasado un mundo para expresar su ruptura, este pasado es ya su actual ruptura con el presente . . ."[63] Así es como Avellaneda añade a la crítica de la historia unas breves observaciones en clave sobre su propio siglo. Por ejemplo, en una nota al pie de la página, describe el gobierno de Tlascala como "republicano aristócrata . . . digno de atención" por ser un sistema de senado y supremo judicial anterior a los de los ingleses y franceses, conocido y practicado "por pueblos a quienes llamamos *bárbaros*, cuando aquellas grandes naciones europeas gemían bajo el yugo vergonzoso de aquella tiranía que más tarde hicieron pesar sobre los pueblos americanos" (p. 440). La alabanza republicana de los tlascaltecas, según Anderson Imbert, era también el foco principal de la novela histórica *Jicoténcal*.[64]

En otro lugar, Avellaneda lamenta las divisiones políticas entre los indios que permiten que el invasor Cortés consiga nuevos aliados y triunfe sobre los aztecas. Es obvio que el pasaje puede referirse fácilmente a la invasión francesa de España al principio del siglo XIX: "¡Funesta ceguedad la de los pueblos que, divididos por contrarias opiniones, enflaquecidos por civiles discordias, piden y fían su remedio a extranjera intervención! Jamás fué generosa la política; jamás hicieron abnegación de sus propios intereses las naciones llamadas a decidir en intereses extraños" (pp. 466–67). Y en otro pasaje en que elogia Avellaneda la cultura indígena del siglo XVI, y en particular el baile, nos llama la atención una nota al pie de la página en que se refiere a la corona que el público madrileño tributa a una célebre bailarina. Esto le da la oportunidad de largar una crítica amarga sobre el juicio cultural de su época: "Aquellas gentes [los indígenas] no prodigaban coronas: verdad es que entre ellas no sucedía lo que hoy nos acontece, que haya pies de más valor que muchas cabezas" (p. 430).

Gastón Barquero mantiene que en la prosa de Avellaneda siempre hay una injusticia que reparar o un agravio contra un ser débil. En *Guatimozín*, Avellaneda parece defender tanto al vencedor como al vencido. Muestra la nobleza de aquél y los agravios contra su gente, ensalzando su genio aunque también recriminando los excesos de su época. Barquero denomina a Avellaneda "abogado de causas difíciles," y "uno de los escritores más combativos que hubo . . . ."[65] Tal vez se deben la atracción a las injusticias y la mesura de los juicios a su propia marginalidad de cubana que reside y publica en España durante la mayor parte de su vida. Este hecho había desatado una polémica sobre su supuesta "cubanía" o "españolismo," una polémica que perdura hoy en la crítica producida en la isla.[66] Aunque tal debate no forma parte de este estudio, queremos proponer que hay suficiente evidencia en los mismos escritos de Avellaneda para justificar sus sentimientos de "peregrina"[67]—un seudónimo que utilizó al empezar a publicar en España—, de la eterna expatriada,[68] de la injustamente marginada y juzgada por la esclavitud social de la mujer.[69] Por consiguiente no sorprende su interés en e identificación con la problemática de los tipos sociales marginados.

Alborg, entre otros, señala la relación que existe entre los marginados de sus novelas y los de su teatro.[70] Y otros han notado que en sus novelas encontramos protagonistas marginados como el indio, la mujer, el negro, y el bandido. Como mencionamos al principio de este estudio, Avellaneda optó por excluir de sus *Obras literarias* tres novelas: *Sab* sobre la situación del negro esclavo y de la mujer esclavizada por la sociedad cubana; *Dos mugeres* sobre el papel de la mujer en la sociedad española; y *Guatimozín, el último emperador de Méjico*. *Sab* resultó de tema peligroso pues la esclavitud perduró en Cuba hasta después de la muerte de Avellaneda (1886). Es más, en 1844 el Censor Regio de Imprenta decretó la retención en la Real Aduana de Santiago de Cuba de dos novelas, *Sab* y *Dos mugeres*, por contener "la primera doctrinas subversivas del sistema de esclavitud de la Isla y contrarias a la moral y buenas costumbres, y la segunda por estar plagada de doctrinas inmorales."[71] Además, en 1858, el drama *Baltasar*—en cuya obra figuran dos personajes importantes, una mujer y un hombre esclavos—fue aprobado por el censor oficial pero tuvo que sufrir una nueva revisión por encargo del Vicario de la diócesis porque los enemigos de Avellaneda decían que ella infería ofensas a la religión católica.[72] Con todos estos indicios, no es difícil suponer que Avellaneda por un acto de autocensura, común entre escritores de sociedades represivas, tanto del siglo XIX como del siglo actual, escogiera suprimir de sus *Obras literarias* ciertas novelas cuyas ideas eran problemáticas, como las de *Guatimozín* que versaban en parte sobre la crueldad de la conquista y el fanatismo de una institución religiosa que pervivía, por lo menos, en la censura oficial, moral y religiosa. Cuando seleccionó y revisó los textos destinados a los cinco tomos de sus *Obras literarias* y los dedicó a la Isla de Cuba, tal vez recordara la oposición que ciertas obras suyas habían sufrido en ultramar.

Conclusión: epílogo o leyenda

Sin embargo, Avellaneda no deja de incluir aquel trozo—el epílogo de la novela *Guatimozín*—en aquellos tomos publicados veinticinco años después de la versión original de la novela entera. El fragmento se titula "Una anécdota de la vida de Cortés." Vamos a demorarnos ahora en ella para concluir este estudio con una comparación de la anécdota con el epílogo de la novela original. Hernández-Miyares ha hecho un análisis parecido en que concluyó que los cambios en la segunda versión favorecen a Cortés y reivindican su baja conducta.[73] En general, estamos de acuerdo con el cuidadoso y detallado artículo de Hernández-Miyares, aunque no necesariamente con todas sus conclusiones. Creemos imprescindibles tales investigaciones que cotejan versiones originarias con las más tardías pues pensamos que pueden revelar actitudes alteradas de la autora en cuanto a ámbitos estéticos y sociales. En el caso de *Guatimozín* y la anécdota, sostenemos que muchas de las adiciones al texto, aunque no aparecieron en el epílogo de la novela, sí existían en otros capítulos del original. Además, las revisiones y exclusiones que parecen favorecer a Cortés son nivelizadas por otros comentarios nuevos, nada favorables al conquistador. En resumen, aunque diferente del epílogo original, la anécdota conserva en general las observaciones expresadas por Avellaneda a lo largo de la novela original sobre el carácter ingenioso y a la vez imperfecto de Cortés. Veamos cómo lo realiza la autora.

Tanto el epílogo de la novela como la nueva anécdota basada en él tratan de la injusta condena y trágica muerte de Guatimozín como consecuencia de su supuesto papel en una posible sublevación de los indios contra Cortés. La acción transcurre en la provincia de Acala, unos tres años después de la victoria de Cortés, quien viaja por el imperio acompañado por los dos presos, Guatimozín, y el príncipe de Tacuba. La anécdota se divide en tres partes, y, a diferencia del original, no abre con un paisaje hermoso sino con una síntesis del genio y fortuna de Cortés quien todavía no tiene sujetas todas las provincias de la Nueva España para Castilla. El ameno paisaje del original, en cambio, aparece al principio de la segunda sección de la anécdota. Pero antes de aquella escena, la narradora pone en primer término su crítica de la soldadesca en busca de oro, y le echa la culpa de las crueldades de la conquista. También condena a los bárbaros aliados americanos, agregando la cita de la carta de Cortés sobre éstos, la que había aparecido en otra parte del cuarto tomo del original (p. 545). Aunque aquella defensa del genio y fortuna de Cortés, igual que la condena de la crueldad de sus auxiliares indígenas, no forman parte del epílogo novelesco, pertenecen, sin embargo, como ya hemos discutido, a la caracterización de Cortés y los tlascaltecas hecha por Avellaneda en otros capítulos de *Guatimozín*, donde la novelista varias veces destaca la avaricia de la soldadesca.

La discusión por un lado del efecto negativo de lo circunstancial sobre el genio de Cortés y por otro, su panegírica durante el episodio de la traición de Villafaña son trasladados desde el cuarto tomo de la novela original a la nueva anécdota. Y los soldados, de "aspecto grave y casi amenazador" en el epílogo original, no pierden su faz hostil en el pasaje correspondiente de la segunda sección de la anécdota, donde los españoles muestran una "actitud belicosa." Al cerrar la primera sección de la anécdota, la narradora tampoco escamotea un comentario irónico (inexistente en la novela original) en que obviamente simpatiza con el emperador y el príncipe presos y condena el juicio de Cortés: "¡Cosa rara! aquellos desventurados prisioneros—que marchaban á pié, indefensos, rendidos de fatiga y extenuados por el hambre, en medio de poderosa fuerza armada—infundieron, al parecer, tal pavura en el valiente corazón del caudillo extremeño, que se le vió—demudado y trémulo—apresurarse á juzgarlos sin ninguna de las formalidades de un proceso criminal . . . ."[74]

En el original, hay un diálogo entre la andaluza innombrada y doña Marina. Aquélla llama a los presos "reyezuelos indios," aunque reconoce (siempre desde la perspectiva de una europea de raza blanca) que son "muy guapos mozos, para ser indios" y que el cacique "tiene un aire de majestad" que le parece poco natural en hombres de su raza.[75] Discierne además "cierto género de finura" en estos "pobres bárbaros" y le pesa "en el alma verlos conducidos a tan amargo trance." Doña Marina le confirma que todo el ejército participa de estos sentimientos porque los soldados respetan a los presos y se compadecen de ellos: "Por otra parte—añade—no juzgan su delito bastante comprobado." En la versión original en una nota al pie de la página, Avellaneda nos da la fuente de tal juicio cuando cita a Díaz del Castillo: "E fué la muerte que les dieron muy injustamente dada, y pareció mal á todos los que aquella jornada hacíamos" (p. 560). A pesar de esta nota (más extensa que lo citado aquí), Avellaneda hace que la americana defienda la decisión de Cortés, aunque la narradora inmediatamente contrapone a lo dicho otro comentario: "Marina acababa de dar con estas palabras la única explicación posible del hecho que vamos a referir, la única excusa verosímil de un acto de crueldad que inmotivado sería horroroso, y que en vano quisiéramos justificar apoyándolo en la sospechosa acusación de un súbdito traidor, que no obtuvo crédito ni entre los mismos españoles, por más que aparentase Cortés prestárselo completo" (p. 560).

Ahora volvamos a la anécdota, donde la andaluza, quien ahora tiene el nombre de doña Guiomar, empieza por simpatizarse con los españoles en su largo viaje y por condenar la perversidad de los indios que traman contra la vida del general. Pero después de la intervención de doña Marina en el diálogo, es otra la reacción de doña Guiomar. La americana le contesta conmovida que el soberano tiene que morir y añade lo siguiente: "pero no sé hasta qué punto haya sido probada la conspiración cuyo castigo vamos á presenciar." Y allí mismo reaparece la nota al pie de la página donde originalmente Avellaneda había citado a Díaz del Castillo, y en el texto de la anécdota, una respuesta de la andaluza, casi idéntica a la de la versión original, en que expresa su pena al oir que la sentencia de muerte de Guatimozín ha sido dictada más por la conveniencia ["política" en el original] que por la justicia.

Las notas explicativas de palabras indígenas que aparecen en la anécdota forman parte de las notas originales de la primera edición de la novela: *tlatoani, Malinche.* Pero de mayor importancia que este deseo de ser fiel a la cultura indígena es la discusión entre doña Marina y doña Guiomar. En ella Avellaneda agrega un elemento nuevo inexistente en la novela original: una discusión del amor patrio de doña Marina. Doña Guiomar disculpa a la americana de haber simpatizado con el destino de Guatimozín pues la considera natural del país. La americana contesta a favor de Guatimozín,"—¡Ha luchado tan heroicamente por salvar á sus pueblos del extranjero yugo, á que lo entregó la flaqueza de su antecesor Motezuma!—exclamó Marina con irreprimible exabrupto de amor patrio." Y cuando doña Marina vuelve a la defensa de Cortés, lo hace "como con trabajo."

Es verdad, como declara Hernández-Miyares, que las últimas palabras de Guatimozín en la versión original del epílogo condenan a Cortés ante su Dios, mientras que en la anécdota son suprimidas estas frases de posible connotación política o religiosa. Y también es importante que la narradora de la anécdota sugiera una posible agitación de Cortés o remordimiento—inexistente en el original—ocasionada por "el esfuerzo que le habia costado sacrificar la justicia y la humanidad á crueles conveniencias políticas." Y sobre todo hay una significativa diferencia entre las escenas finales de las dos versiones. En la original doña Marina se comporta de modo piadoso con la viuda de Guatimozín, Gualcazinla, aunque termina por matarla después de salvar a Cortés del atentado de la princesa contra su vida. Las últimas palabras de esta escena dramática pertenecen a la americana quien confiesa su loco amor por Cortés. En cambio, en la anécdota, doña Marina se revela muy celosa de la ternura que Cortés concede a la trágica Gualcazinla. Después de que la americana la mata, a diferencia de la primera versión, Cortés tiene la última palabra. Proclama su esperanza de ser reivindicado por una conquista hecha por la fe católica: " . . . me atrevo á esperar que cuando [la suprema justicia] juzgue las faltas que como hombre he cometido, me tome en descargo tantas contrariedades y tantos dolores íntimos, como me cuesta la gloria de plantar la cruz del Gólgota en el suelo de estas vastas regiones, abiertas de hoy más á la civilización cristiana."[76] ¡Cuán parecidas son estas palabras a otras del cuarto tomo de la novela original! Pero hay una importante diferencia: en la anécdota Cortés pide misericordia por las fallas obradas en nombre de su religión y ofrece sus contratiempos y penas personales como recompensa; mientras en la novela original, no expresa remordimiento sino esperanza de que el acto de plantar la cruz en tierra bárbara le conceda gloria eterna: "¡Venceré! pese al diablo, y esta mano que tantas ofensas deja impunes por intereses más elevados, plantará en este suelo ignorado, antes de que el estío acabe de agostarlo, el madero del Gólgota que hará eterno en él la memoria de mi nombre" (p. 522).

¿A qué debemos atribuir el cambio en la última escena dramática? ¿Y el cambio entre las últimas palabras de doña Marina en el epílogo de la novela original, y las de Cortés en la anécdota? Se ha sugerido que la escena original con sus declaraciones de amor loco de la americana por Cortés tiene algo que ver con el amor no correspondido de Avellaneda por su amante. No suscribimos del todo a tal interpretación. Recordamos, sin embargo, que en otros momentos de crisis, Avellaneda se había vuelto a la fe consoladora—incluso al convento—,y que tal vez hacia el final de su vida cuando revisaba y coleccionaba su obra, la escritora ya enferma de diabetes, otra vez volviera sus pensamientos a su religión. En aquella circunstancia, podría haber reemplazado el pasaje novelesco, muestra de un ardor mucho tiempo expirado, con otro pasaje en la anécdota que evocara su propia esperanza y su actual profesión de fe.

Dejémonos escribir otra versión de las palabras finales de Cortés, pues este conquistador español, héroe ideal aunque imperfecto, parece encarnar la ambición y la gloria vedadas a Avellaneda. Por eso, en parte, Cortés fue digno de ser reivindicado por la poeta. ¿No podría ser posible que las palabras finales de la anécdota, levemente revisadas, de algún modo pudieran reivindicar también a la autora? He aquí una tercera versión: ". . . me atrevo a esperar que cuando [la suprema justicia] juzgue las faltas que como *mujer* he cometido, me tome en descargo tantas contrariedades y tantos dolores íntimos, como me cuestan la ambición y la gloria. . . . "

NOTAS

1. Publicada en *El Laberinto* desde el 1º de enero hasta agosto de 1844, y en *Obras literarias de la Señora Doña Gertrudis Gómez de Avellaneda* IV (Madrid: Imprenta y estereotipia de M. Rivadeneyra, 1870). Se referirá a esta primera colección con título abreviado, *Obras literarias*.

2. En el *Semanario pintoresco* de 1851: 3–60, y en *Obras literarias* IV, 1870.

3. (Habana: Librería e Imprenta, "El Iris" de Magín Pujolá y Cía, 1861) y en *Obras literarias* IV, 1879.

4. Publicada en *El Heraldo* de Madrid a partir del 20 de febrero de 1846 y el mismo año en cuatro tomos por la Imprenta de D. A. Espinosa y Compañía, Madrid. Se reimprimió en Valparaíso, Chile, Imprenta del Mercurio, 1847; en México, Imprenta de J. R. Navarro, 1853 y 1887; y en *Obras de la Avellaneda* V (Habana: Imprenta de Aurelio Miranda, 1914). Para este estudio utilizamos

esta última Edición Nacional del Centenario del nacimiento de Avellaneda. Las referencias a esta edición aparecerán entre paréntesis dentro del texto. Se referirá a la novela con título abreviado, *Guatimozín.*

5. *Cuauhtemoc, The Last Aztec Emperor.* Trad. Helen Edith Blake. (México: F. P. Hoeck, 1898). Edith L. Kelly en su "Bibliografía de la Avellaneda" [*Revista bimestre cubana* XXXV (primer semestre, 1935): 119], menciona que en el *Catalogue of Rare Books* de W. W. Blake (México, 1910) se indica que es la primera novela publicada en inglés en México.

6. Vols. I-V (Madrid: Imprenta y estereotipia de M. Rivadeneyra, 1869–1872).

7. Ibid., V, pp. 159–74.

8. Emilio Cotarelo y Mori, *La Avellaneda y sus obras* (Madrid: Tipografía de Archivos, 1930), p. 127.

9. Julio E. Hernández-Miyares, "Variaciones en un tema indianista de la Avellaneda: el epílogo de *Guatimozín* y una anécdota de la vida de Cortés" en *Homenaje a Gertrudis Gómez de Avellaneda,* ed. Gladys Zaldívar y Rosa Martínez Cabrera (Miami: Ediciones Universal, 1981), pp. 318–28.

10. "Cartas amatorias" en *Obras de la Avellaneda* VI, pp. 197–98.

11. Mario Méndez Bejarano, *Tassara, Nueva biografía crítica* (Madrid: Imprenta de J. Pérez, 1928), p. 42.

12. "Páginas críticas de la Avellaneda" en *Obras de la Avellaneda* VI, p. 65.

13. Iris Zavala, *Ideología y política en la novela española del siglo XIX* (España: Anaya, 1971), pp. 43–44, 47–56.

14. *Obras de la Avellaneda* V, p. 7. Primera edición, Madrid: Gabinete literario, Tomos I-III, 1842; Tomo IV, 1843.

15. Juan Ignacio Ferreras, *El triunfo del liberalismo y de la novela histórica (1830-1870).* (Madrid: Taurus, 1976), p. 140.

16. Zavala, pp. 57–60.

17. Cotarelo y Mori, p. 432.

18. Juan Luis Alborg, *Historia de la literatura española. El romanticismo* IV (Madrid: Gredos, 1980), p. 664.

19. E. Allison Peers, *A Short History of the Romantic Movement in Spain* (Liverpool: Institute of Hispanic Studies, 1949), p. 37.

20. Juan Ignacio Ferreras, pp. 108 y 114.

21. Enrique Anderson-Imbert, "Notas sobre la novela histórica en el siglo XIX," *La novela iberoamericana,* ed. Arturo Torres-Rioseco (Albuquerque: University of New Mexico Press, 1952), pp. 1–24; Pedro Henríquez Ureña, "Reseña de J. Lloyd Read, *The Mexican Historical Novel, 1826–1910* (Nueva York: Instituto de las Españas, 1939), en *Revista de Filología Hispánica* IV (1942): 188–89.

22. Luis Leal, "*Jicoténcal,* primera novela histórica en castellano," *Revista Iberoamericana* XXV, no. 49 (enero-junio 1960): 9–31.

23. John Lloyd Read. *The Mexican Historical Novel, 1826–1910* (Nueva York: Instituto de las Españas, 1939), pp. 72–74.

24. Guillermo Zellers, *La novela histórica en España, 1828–1850* (Nueva York: Instituto de las Españas, 1938), pp. 57–68.

25. Ferreras, p. 129.

26. En Anderson Imbert, pp. 6–8.

27. En Anderson Imbert, p. 8.

28. Leal, p. 20.

29. Concha Meléndez, *La novela indianista en Hispanoamérica (1832–1889)* (Madrid: Imprenta de la Librería y Casa Editorial Hernando, 1934), p. 70.

30. Cotarelo y Mori, p. 12.

31. Concha Meléndez, p. 78.

32. Isabel Hernández de Norman, *La novela romántica en las Antillas* (Nueva York: Ateneo Puertorriqueño de Nueva York, 1969), p. 155.

33. Cotarelo y Mori, p. 128.

34. Cotarelo y Mori, p. 108.

35. En Anderson Imbert, pp. 10–11.

36. Bernal Díaz del Castillo, *Historia verdadera de la conquista de la Nueva España* (Buenos Aires: Espasa-Calpe, 1955), p. 422.

37. Hernán Cortés, *Cartas de relación: De la conquista de Méjico* I (Madrid: Calpe, 1922), p. 203.

38. Díaz del Castillo, p. 217.

39. Francisco Javier Clavijero, *Historia antigua de México* (México: Editorial Porrúa, 1964), pp. 363, 366, 378.

40. Clavijero, pp. 322 y 366.

41. Clavijero, p. 363.

42. En *Obras de la Avellaneda* V, p. 174.

43. Gertrudis Gómez de Avellaneda, *Guatimozín*. Prólogo de Mary Cruz (La Habana: Editorial Letras Cubanas, 1979), p. 28.

44. Clavijero, p. 411.

45. Citado por Luis González Obregón, *Cuautemoc. Rey heroico mexicano* (México: Biblioteca Mínima Mexicana, 1955), p. 45, y reproducido en el prólogo de Mary Cruz a *Guatimozín*.

46. *Obras de la Avellaneda* V, p. 133.

47. *Obras literarias* V, p. 239.

48. Carolina Coronado, "Doña Gertrudis Gómez de Avellaneda," *La Discusión* (4 de agosto de 1857 y 29 de mayo de 1858), reproducido en *Obras de la Avellaneda* V, p. 486.

49. En José Augusto Escoto, *Gertrudis Gómez de Avellaneda: Cartas inéditas y documentos relativos a su vida en Cuba de 1859 a 1864* (Matanzas: La Pluma de Oro, 1911), p. 188.

50. *Obras de la Avellaneda* V, p. 94. El subrayado es nuestro para facilitar la comparación con el siguiente pasaje de George Sand.

51. George Sand, *Lélia* (París: Éditions Garnier Frères, 1960), pp. 169–70. Trad. por Maria Espinosa (Bloomington: Indiana University Press, 1978), pp. 109–10: "I don't know how to endure the boredom of existing. . . . Calm only made me fearful. Repose only annoyed me. I demanded obstacles, fatigues, devouring jealousies to repress, cruel ingratitudes to pardon, great works to pursue, great misfortunes to endure. This was a glorious career. Had I been a man I would have loved combat, the odor of blood, the pressures of danger.

Perhaps in my youth I might have sought to reign by intelligence and to dominate others by powerful speeches. As a woman I had only one noble destiny on earth, which was to love. I loved *valiantly.*" El subrayado es nuestro.

52. Ferreras, p. 107.

53. En Domingo Figarola-Caneda, *Gertrudis Gómez de Avellaneda* (Madrid: Sociedad General Española de Librería, 1929), p. 172.

54. *Obras de la Avellaneda* V, p. 92.

55. Ibid., p. 134.

56. El subrayado es nuestro.

57. Guillermo Zellers, *La novela histórica en España, 1828–1850* (Nueva York: Instituto de las Españas, 1939), pp. 68–70.

58. *Obras de la Avellaneda* V, p. 192.

59. *Obras de la Avellaneda* V, p. 14.

60. William C. Atkinson, *A History of Spain and Portugal* (Harmondsworth, Inglaterra: Penguin Books, 1973), p. 268.

61. En Figarola-Caneda, p. 266.

62. Read, pp. 72 y 103–11.

63. Ferreras, p. 102.

64. Anderson Imbert, p. 5.

65. En Carmen Bravo-Villasante, Gastón Baquero, y José A. Escarpanter, *Gertrudis Gómez de Avellaneda* (Madrid: Fundación Universitaria Española, 1974), pp. 51 y 63.

66. Véase por ejemplo, Dulce María Loynaz, "La Avellaneda, una cubana universal," *Conferencia en el Liceo de Camagüey*, 10 de enero de 1953 (La Habana); y José Antonio Portuondo, "La dramática neutralidad de Gertrudis Gómez de Avellaneda," *Anuario del Instituto de Literatura y Lingüística de la Academia de Ciencias de Cuba*, nos. 3–4 (1972–73): 3–24.

67. Carta de Avellaneda a Cepeda (26 mayo 1840) en *Obras de la Avellaneda* VI, p. 200.

68. Véase *Dos mugeres* en *Obras de la Avellaneda* V, pp. 123, 195 y 199.

69. Véase carta de Avellaneda a Cepeda (1845) en Cotarelo y Mori, p. 134; y las cuatro cartas de la Avellaneda, escritas en 1853 sobre el fracaso de su solicitado puesto en la Real Academia Española, en Figarola-Caneda, p. 214.

70. *Historia de la literatura española*, IV, p. 691.

71. "Expediente donde se decreta la retención (y reembarque) de dos obras de Gertrudis Gómez de Avellaneda por contener doctrinas subversivas y contrarias a la moral," *Boletín del Archivo Nacional* (La Habana) XL (enero-diciembre 1941), p. 103 y ss.

72. Cotarelo y Mori, p. 310.

73. Hernández-Miyares, pp. 318–28.

74. En *Obras literarias* V, pp. 162–63.

75. Parecidos comentarios aparecen en Díaz del Castillo, por ejemplo: " . . . y para ser indias eran de buen parescer" (p. 154).

76. *Obras literarias* V, p. 174.

VALERI BORISOVICH ZEMSKOV

Proceso y coincidencia de la formación étnica y nacional de la cultura latinoamericana del siglo XIX

Una de las particularidades fundamentales del desarrollo histórico-cultural en la América Latina es la proximidad, y aún más, la coincidencia de las etapas de la formación étnica y nacional, o sea, de los procesos que en las culturas de origen antiguo se presentan como no coincidentes en el tiempo y alejados uno de otro.

Este fenómeno ligado a la peculiaridad de la génesis de las naciones latinoamericanas en muchos aspectos determina la originalidad del desarrollo literario en el período cuando con la Independencia comenzó el largo y complejo proceso de la formación nacional.

Para comprender la suma importancia de este factor basta con comparar mentalmente, por ejemplo, la situación simultánea en la América Latina con la de los países de la Europa Central y del Sudoeste, los cuales más o menos en el mismo tiempo entraban en el período de la formación nacional.

En Europa las instituciones, la cultura, y la literatura nacionales se formaron apoyándose en la base étnica antigua. A diferencia de esto en la América Hispánica la Independencia sólo abrió la posibilidad del desarrollo más libre de los procesos étnicos, que antes frenaba el sistema de las castas raciales. En los decenios que siguen a la Liberación la ideología y la conciencia nacionales se desarrollaban con mayor rapidez respecto a la base étnica del desarrollo nacional. Esto confirma el rápido enraizamiento en las literaturas incipientes de los denominadores de la conciencia nacional que la expresan, tan importantes para la autoconciencia de la población, como *mexicano, peruano, argentino, chileno*, etc. Unos de estos tenían origen más antiguo, otros apenas aparecieron (*argentino, colombiano, boliviano*), pero lo común era una evidente, aunque en distinto grado, falta de la comprobación de estas ideologemas nacionales con un contenido étnico concreto.

Claro que la proclamación de la independencia y la diferenciación nacional-estatal de la unidad continental no hubieran sido posibles sin un determinado nivel de formación étnica. Como es sabido, en México, en algunas provincias centroamericanas, en la Nueva Granada, en Venezuela, y en Chile la cantidad de los mestizos llegaba a la mitad de toda la población. En Paraguay prácticamente toda la población era mestiza; en el Río de la Plata los criollos y los mestizos constituían el núcleo principal de la población. Más compleja era la situación que determinó el desarrollo poliétnico en el Perú, Bolivia, y Ecuador.

Pero este nivel de homogeneidad racial, étnica, y cultural era sólo una premisa, y una premisa bastante débil para aquel modelo de la formación cultural y literaria que nos brindan las culturas de los pueblos de origen antiguo. Los denominadores nacionales que expresan la ideología nacional ya mencionados (*mexicano, peruano, colombiano, argentino, cubano*[1]) no tenían contenido étnico concreto, o sea no expresaban la homogeneidad étnico-cultural y no se confirmaban por las tradiciones culturales estables, fijas y consagradas por la cultura tradicional en toda su diversidad, y lo que es lo más importante para el desarrollo literario, por el folklore desarrollado.

Como ya se ha dicho, una cierta homogeneidad étnica de la población de las colonias era una premisa imprescindible para la liberación. Del mismo modo, naturalmente, a este nivel de homogeneidad étnica correspondían ciertas formas de las nuevas tradiciones culturales y folklóricas. Precisamente a fines del siglo XVIII y comienzos del siglo XIX se consolidan las culturas locales y las tradiciones folklóricas de la población rural libre de los llaneros de Venezuela, de los rancheros de México, de los gauchos del Río de la Plata, de los guajiros de Cuba, etc. Pero, en primer lugar, estas tradiciones no eran comunes para la población de cada uno de estos países; en segundo lugar, ellas no eran estables y no llegaban a ser las formas desarrolladas y legítimas de la expresión de la conciencia étnica; en tercer lugar, su desarrollo activo no corresponde a este período, sino al período después de la Independencia.

De este modo podemos decir que a lo largo del siglo XIX las literaturas nacionales se forman sin apoyo en las tradiciones folklóricas fijas y consagradas por el tiempo histórico. Y esta situación cultural determina los intereses especiales de las literaturas nacionales incipientes. Ante todo éstas se encuentran frente a la necesidad de buscar cómo resolver las tareas esenciales que en las culturas antiguas se dan como ya resueltas. Se trata, en primer término, de los modelos, los estereotipos estético-sicológicos básicos que caracterizan el *universo étnico*, la *patria étnica*, plasman en sí la conciencia étnica y juegan un gran papel en los procesos de la formación nacional. Estos modelos o estandartes estético-sicológicos en las culturas antiguas se dan como ya hechos desde los tiempos inmemoriales, consagrados por la herencia colectiva y transmitidos de una generación a otra. El núcleo de este universo étnico lo forman la imagen de la naturaleza patria e íntimamente ligada a ésta, la imagen del héroe étnico, que encarnan en el simbolismo artístico las formas de la autoexpresión propias para el modo de reaccionar del etnos dado en sus relaciones para con el mundo "ajeno." No menos importancia tienen los argumentos históricos y legendarios que concretizan la autoexpresión de la conciencia étnica y sus relaciones con el mundo "ajeno."

Todo esto de lo que estamos hablando tenían los españoles y los indios cuyas culturas eran la fuente de la cual se alimentaba la nueva tradición en formación, y nada de esto tenían los criollos y los mestizos que ya no eran ni españoles, ni indios; o sea, aquellos grupos que cimentaban la nueva entidad étnica e histórico-cultural que se concretiza después de la Independencia en el proceso de la diferenciación de las naciones incipientes. Como es sabido, ni el folklore español, ni el indio llegaron a ser el folklore latinoamericano criollo o mestizo. El folklore criollo-mestizo apenas se gestaba en vísperas de la Independencia.

Otro momento importante consiste en que esta nueva tradición en formación tenía diferencia esencial de las tradiciones surgidas en la Antigüedad o en la Edad Media. Ante todo la nueva tradición era el folklore del Tiempo Nuevo, del siglo de desarrollo de las nuevas formas de la conciencia social (la prensa, la historiografía, etc.) que excluían el desarrollo de los géneros épicos, de las tradiciones épicas, o sea de las formas que constituyen la base del folklore en las culturas antiguas y son precisamente los géneros y tradiciones que concretizan la conciencia étnica en distintas imágenes del universo étnico.

Como se sabe, la base del folklore criollo-mestizo la constituyen los géneros no épicos, los géneros chicos y de procedencia literaria, principalmente de los siglos XVII–XVIII, como la *décima*, la *glosa*, y el *romance corrido* que sustituyeron al antiguo romance español de tradición épica, como también numerosos géneros cantante-coreográficos venidos de Europa y llegados a fines del siglo XVIII y comienzos del siglo XIX a la aldea hispanoamericana pasando por las ciudades americanas. Estas nuevas formas del folklore secularizado y principalmente no religioso se destacan a diferencia del folklore antiguo que tenía una función sagrada y ritual, por su función expresiva y recreativa. Pero afirmadas por la tradición colectiva popular estas formas adquirían ciertas funciones épicas que no eran propias para ellas al principio, hasta las funciones de la historiografía popular: la tradición de la improvisación en décimas sobre los temas actuales, la aparición y desarrollo, aunque bastante débil, del corrido histórico, y algunos ejemplos de ciclización alrededor de determinados temas históricos, como, por ejemplo, un ciclo de corridos argentinos sobre Juan Facundo Quiroga, etc.

Pero queremos repetir, en la época del desarrollo de las formas avanzadas de la conciencia social (la prensa, la historiografía, la literatura profesional, etc.) la función constituyente de *la palabra* popular para la cultura naciente se realiza y se revela de modo muy diferente: en interacción con la literatura profesional, que asumía ciertas funciones del folklore, porque precisamente la literatura profesional fue la forma a la cual el Tiempo Nuevo encargó una función especial; la de buscar en la masa protoplasmática de la cual se forman las nuevas naciones latinoamericanas a los portadores de las tradiciones étnicas que podrían representar la base de la cultura nacional, la función de seleccionar sus formas de expresión entre diversas formas locales y particulares y de elevar estas formas a nivel nacional.

Este proceso es común para toda la América Latina, pero se revela de distinto modo en distintas literaturas y con distinta intensidad. Con plena claridad este fenómeno aparece en las literaturas de algunos países y ahí tiene semejanza tipológica. Así sucede en las literaturas de Argentina y de Cuba que a primera vista nada tienen en común.

En Argentina en la primera etapa de su desarrollo la conciencia nacional en vías de de autodefinirse étnicamente reveló la posibilidad de su concretización en el tipo del gaucho, sus tradiciones étnico-culturales y su folklore. En Cuba este papel lo hacen el guajiro y su folklore. En ambos países la literatura, revelando en estos grupos de la población al portador étnico de la idea de la patria, utilizó sus formas folklóricas, sus imágenes, y su léxico para darles un significado nacional y épico, un significado del estandarte, del modelo nacional que caracteriza a toda unidad nacional naciente.

En una palabra, en las condiciones de la coincidencia de las etapas de la formación étnica y nacional la literatura adquirió por el mandato de la historia una función especial, la que en las culturas antiguas es propia del folklore: la función de la constitución y de la afirmación de los modelos del universo étnico y su héroe, y a la vez el universo nacional, porque se trata de la formación nacional.

Esta función especial de la literatura encuentra su fundamentación y afirmación en la teoría y la práctica del Romanticismo latinoamericano, cuyo programa consiste en la revelación de la individualidad de las naciones de América Latina y se realiza en la modelación del mundo nacional o base de prepositivismo (el llamado positivismo práctico, que se apoya en los principios del ambiente y la raza).

Los focos principales de la elaboración teórica y de la concretización práctica de este programa eran precisamente las literaturas argentina y cubana. En Argentina este proceso se realiza en la obra de toda la pléyade de los ideólogos y prácticos de la literatura nacional desde E. Echeverría hasta D. F. Sarmiento, y en Cuba desde D. Delmonte y su círculo hasta el Nápoles Fajardo de *El Cucalambé*.

Las circunstancias y los intereses históricos especiales determinaron que en el proceso literario de América Latina el papel principal lo desempeñaron no las tendencias *interiorizantes* del Romanticismo clásico europeo con su poderosa expresión filosófico-metafísica, sino las formas *exteriorizantes* de la poética romántica que están dirigidas hacia el mundo circundante: la naturaleza, el hombre, la búsqueda y la afirmación del portador de la conciencia étnico-nacional.

Se realiza este proceso por distintas vías y con diferente efecto, con menos resultado cuando la literatura se limita con las recetas del Romanticismo y el costumbrismo, recibidas desde Europa, con más éxito cuando las funde con la experiencia de la cultura popular en formación. La diferencia entre la literatura romántica y costumbrista (o sea, la que se conoce como la *literatura culta*) y los *fenómenos peculiares literario-folklóricos* que surgen en América Latina precisamente cuando la literatura—cumpliendo su papel especial—se dirige al folklore (éstas se conocen como la *literatura popular*), radica, en primer lugar, en sus concepciones del sujeto creador. En el primer caso se trata de un observador desde afuera que describe el mundo en su superficie; en el segundo, del participante en la vida popular que la observa desde adentro. En el segundo caso estamos ante la identificación del "yo" del autor con el tipo étnico escogido, y lógicamente con sus medios de autoexpresión, o sea, con su folklore. En Argentina y en Cuba tales fenómenos literario-folklóricos son, respectivamente, la poesía gauchesca y lo que fue llamado por S. Feijoó, "el movimiento de los romances cubanos."

Tanto la poesía gauchesca como los romances cubanos usaban los géneros chicos del gaucho y del guajiro: décima, glosa, elementos de la tradición romancesca, y en caso de la poesía gauchesca también las formas cantante-coreográficas. Como los poetas gauchescos, los autores de los romances cubanos, usando los géneros chicos en función épica y apoyándose también en la tradición del romance español, creaban y afirmaban los estereotipos estético-sicológicos del héroe étnico (el gaucho, el guajiro), la imagen idealizada de la patria étnico-nacional, y su simbolismo artístico. La aprobación final de estos modelos como una concretización de la conciencia nacional la hacía el público lector. Se puede decir que surgía, como dijo una vez Jaime Alazraki respecto a la poesía gauchesca, un segundo folklore, o *folklore artificial*, que, adquiriendo el reconocimiento común, cumplía con la función del folklore genuino al llegar a ser una expresión ejemplar de las imágenes de la patria y del tipo nacional.[2] Precisamente así sucedió en Cuba, donde la obra de Nápoles Fajardo en la que culmina el movimiento de los romances cubanos, ofreció a los cubanos, en vísperas de la primera Guerra de la Independencia, las imágenes y los símbolos étnico-nacionales relacionados con el mundo del guajiro. Es demostrativo también aquel dato bien conocido que el decimario de Nápoles Fajardo—y esto lo demuestran los estudios de los folkloristas—se hizo un bien popular colectivo sustituyendo el decimario precedente.

Un proceso semejante de folklorización experimentó el poema épico de José Hernández, *Martín Fierro*, que aunque en otra forma genérica, hizo un papel análogo, el de la fundación de la tradición nacional argentina.

No hay necesidad de demostrar hoy que ni Nápoles Fajardo, ni José Hernández, que antes se consideraban cantores populares, no lo eran. Ellos eran escritores que en distintas condiciones y de modos distintos resolvían una tarea común: la creación y afirmación de la imagen de la patria y del hombre nacional.

Hay también una semejanza esencial en cuanto a la forma poética que crearon ambos poetas. Los dos para crear su universo épico étnico-nacional no utilizaron la tradición épico-poética tradicional para la cultura española—el romance, el cual, sin embargo, ambos poetas usaban de vez en cuando—sino el género chico de la décima que adquirió una forma épica, aunque en el caso de Hernández se trata de una décima transformada. Naturalmente hay cierta diferencia entre lo que hicieron para sus culturas *El Cucalambé* y Hernández, porque la obra de cada uno de ellos tiene distinto alcance. Hernández plasmó el período crítico en la historia de la formación de la nación argentina—la ruptura entre el período de la formación étnica (el gaucho) y el período de la formación nacional (el argentino)—y afirmó el mundo gaucho (la pampa, el caballo, el mate, etc.) como un mundo esencialmente nacional. Esto sucedió en el momento clásico de la formación de las etnias, el momento de desaparición de la cultura primogénea que al desaparecer ante los procesos de la formación de la nación pasa a la memoria colectiva como la base de la nacionalidad.

El Cucalambé apareció cuando Cuba todavía no tenía historia independiente. Su universo épico no es completo, carece del contenido histórico, no tiene tanta profundidad, es más superficial. Por eso necesitó otra, segunda etapa de la afirmación del universo nacional basado en la cultura guajira. Se trata de los *Versos sencillos* de Martí. En vísperas de la segunda Guerra de Independencia, Martí, como sus antecesores cubanos, y como Hernández en Argentina, se identifica con el cantor popular y de su nombre crea todo un mundo nacional, pero no en su apariencia, sino en su profundidad humana. La poesía de los *Versos sencillos* es precisamente, como decía Hernández, el *cantar profundo*. Creo que las poéticas de Hernández y del Martí de los *Versos sencillos*, tiene semejanza tipológica fundamental. Ambos poetas, utilizando formas folklóricas, resuelven semejantes problemas de un modo semejante: identificándose con el cantor popular afirman la patria y el ser nacional.

Lo destacado se refiere a los períodos de la formación de las tradiciones argentinas y cubanas concretos y limitados por sus marcos cronológicos. En adelante cada tradición, siguiendo la historia del país respectivo se cambia, ampliando su plataforma étnico-nacional. Para comprender su desarrollo en Argentina hay que comprender cómo cambió la cultura de este país con la inmigración de fines del siglo XIX y comienzos del siglo XX. Y en Cuba hay que valorar el proceso de la integración étnico-nacional de comienzos del siglo XX que sumó al color blanco del guajiro el color de bronce del mulato y el negro del negro antillano. En este sentido el papel clave para el desarrollo del cosmos artístico-nacional en Argentina lo desempeñó la *poética del tango* y en Cuba, la *poética del son*. Ambas poéticas tienen sus raíces profundas en la historia y, sin embargo, son expresiones nuevas que corresponden a otro período de la formación nacional de ambos países.

NOTAS

1. Aunque Cuba se quedó bajo el poder de España, en este país el proceso de la formación nacional se manifestó no menos activo que en los países independientes.

2. Jaime Alazraki, "El Género Literario del *Martín Fierro*," *Revista Iberoamericana* XL (abril-septiembre de 1974), p. 436.

ANÍBAL GONZÁLEZ-PÉREZ

Los amos también callan: apuntes sobre literatura y esclavitud en el Puerto Rico del siglo XIX*

Es notable lo infrecuente del tema de la esclavitud y la casi total ausencia de la figura del negro en las letras puertorriqueñas del siglo XIX. En contraste con Cuba, cuyo canon de obras sobre el tema es bastante amplio, e incluye novelas como *Sab* (1841) de Avellaneda, *Cecilia Valdés* (1839, 1882) de Villaverde, *Francisco, o Las delicias del ingenio* (1839) de Suárez y Romero, *El negro Francisco* (1873) de Zambrana, y relatos testimoniales como *Escenas de la vida privada en la isla de Cuba* (1838) de Tanco, y la *Autobiografía* (1840) de Manzano, en Puerto Rico la nómina de textos literarios que aluden siquiera a la esclavitud, y a quienes la padecieron, es más modesta: incluye el drama *La cuarterona* (1867) de Alejandro Tapia y Rivera, la comedia *La juega de gallos, o El negro bozal* (1852) de Ramón C. F. Caballero, tres poemas de Salvador Brau, "¡Día vendrá!" (1863), "Rafael Cordero," y "¡Redención!" (1873); un poema de José Gautier Benítez, "Y ni una sola represalia impía . . ."; el poema de José Antonio Daubón, *El negro José* (1886); y un par de poemas de Luis Felipe Dessús, "Indiana" y "Gesto indiano" (1916). A esto se añade una serie de escritos periodísticos de corte costumbrista titulados "Diálogos grotescos," de la pluma del periodista catalán Benito Vilardell, en los que se representan unos estilizados diálogos entre un amo y su esclavo, aparecidos en el periódico *El Ponceño* entre 1852 y 1853, y recogidos por el historiador José Curet en su reciente libro, *Los amos hablan* (1986).[1] Por último, son relevantes al tema algunos pasajes de *Mis memorias* (1928 [1882]) de Alejandro Tapia y Rivera. De estos textos, sólo pueden considerarse de filiación abolicionista el drama de Tapia y los poemas de Brau y de Gautier. Los poemas de Brau y de Gautier, sin embargo, al igual que los de Daubón y de Dessús, y *Mis memorias* de Tapia, no se publicaron sino hasta después de abolida la esclavitud en Puerto Rico, en 1873. *La cuarterona* fue la única manifestación literaria contra la esclavitud, aunque bastante velada, publicada por un autor puertorriqueño antes de la abolición. Y, por supuesto, ese drama de Tapia, que se representó en Madrid, no fue representado en Puerto Rico sino mucho después de la abolición. Por otra parte, *La juega de gallos, o El negro bozal* es una obra de carácter bufo, similar a las que se producían en Cuba durante esos mismos años, y su valor se limita al de servir de documento lingüístico sobre el habla de los negros puertorriqueños en esa época. Los "Diálogos grotescos" de Vilardell, aunque son textos periodísticos, comparten el espíritu bufo de la obra de Caballero, y ciertamente no tenían carácter abolicionista.

Por lo demás, en las "cumbres literarias" del Puerto Rico decimonónico, desde *El gíbaro* (1849) de Manuel Alonso, hasta *La charca* (1894) de Manuel Zeno Gandía, desde los versos de Santiago Vidarte hasta los de Francisco Gonzalo ("Pachín") Marín, sin contar los innumerables artículos de costumbres y cuentos que vieron la luz en esa época, no sólo la esclavitud sino los negros brillan por su ausencia. Aún después de abolida la esclavitud, muy pocos autores puertorriqueños quisieron acordarse de esa "nefanda institución," y durante y después de la esclavitud fueron muy contados los autores puertorriqueños de la élite blanca que se acordaron de sus compatriotas negros en sus escritos.

Sabemos que, cuando era legal la esclavitud, estaba prohibido todo debate público en torno a la abolición. Esto no impidió, sin embargo, que en Cuba se publicase literatura reformista-esclavista (como *Cecilia Valdés* de Villaverde), ni que se produjese clandestinamente literatura antiesclavista, la cual por lo general se diseminaba a través de su lectura en tertulias literarias como la que auspiciaba Domingo Delmonte en La Habana hacia los 1850. ¿Por qué entonces la única obra puertorriqueña que delata un sentir antiesclavista—*La cuarterona* de Tapia—se escribió precisamente en La Habana, y todos sus personajes son cubanos?

La aparente inexistencia de producción literaria abolicionista puertorriqueña es chocante, sobre todo cuando se considera el hecho palmario de que en Puerto Rico el sentir abolicionista era mucho más arraigado y fuerte que en Cuba. Esto último se debió a la debilidad económica de la clase hacendada puertorriqueña, siempre corta de fondos para comprar esclavos, a la resistencia sorda pero eficaz que los esclavos, la mayoría de ellos ya criollos, opusieron al régimen esclavista, y a la existencia de un gran número de libertos que engrosaban las filas de una abundante clase campesina que ya empezaba a configurar un incipiente proletariado rural.[2] Los delegados reformistas de Puerto Rico a la Junta Informativa convocada por España para discutir las llamadas *leyes especiales* en 1865, José Julián Acosta, Segundo Ruiz Belvis y Francisco Mariano Quiñones, propusieron tajantemente ante ese cuerpo "la abolición en su provincia de la funesta institución de la Esclavitud, la abolición con indemnización o sin ella . . . , la abolición sin reglamentación del trabajo libre o con ella."³ Los reformistas cubanos, en cambio, no fueron tan lejos, limitándos a pedir medidas que suavizaran los rigores de la esclavitud y mejoraran las condiciones de vida y trabajo en los ingenios.⁴

Precisamente la fuerza del sentimiento abolicionista en la élite puertorriqueña es uno de los factores que explican la ausencia de literatura antiesclavista puertorriqueña. El antiesclavismo literario siempre fue un modo de hacer propaganda en favor del ideal abolicionista; fue una de las formas que tomó el debate en torno a la abolición en el seno de la élite criolla. Entre los miembros de la élite puertorriqueña apenas era necesario hacer esa propaganda, no sólo porque una mayoría no se oponía a la abolición (y hasta la favorecía), sino también porque la élite era lo bastante pequeña para que el debate se llevara a cabo por vía del diálogo personal y epistolar. Podría decirse que en Puerto Rico los reformistas estaban demasiado ocupados luchando por la abolición para ponerse a escribir novelitas o poemitas. Para ser justos, sin embargo, importa señalar que otro factor para la pobre producción literaria antiesclavista puertorriqueña lo fue también el escaso desarrollo cultural que mostraba la isla a mediados del siglo XIX. Pocos miembros de la élite puertorriqueña de entonces mostraban inquietudes literarias; de hecho, la literatura puertorriqueña tiene sus orígenes en obras como las de Alejandro Tapia y Rivera y Manuel Alonso, quienes comienzan a publicar sus textos en los años 40 y 50. Estos fundadores de las letras puertorriqueñas no pertenecían, sin embargo, al sector hacendado; pertenecían a la clase media de su tiempo: se ganaban la vida como médicos, secretarios, y contables. Hacían su literatura cuando y como podían; no contaban con el ocio y el mecenazgo que les habría permitido producir más obras. Y, encima de todo esto, tenían que vérselas con la censura, que, salvo por breves períodos, fue sumamente severa a todo lo largo del siglo XIX en Puerto Rico.

Quizá más intrigante que la relativa escasez de literatura abolicionista en Puerto Rico sea la casi total ausencia de los negros como personajes o como tema en la literatura puertorriqueña del siglo XIX. En muchos casos, es fácil comprobar que esa ausencia se debió a una deliberada marginación. Un buen ejemplo de esto lo vemos en *El gíbaro* de Manuel Alonso. Esa colección de cuadros de costumbres escrita por Alonso, como se sabe, no tenía como propósito glorificar a los jíbaros, sino fustigar el "atraso" económico y social que Alonso, como médico imbuido de la ideología del "progreso" decimonónico, veía por doquier en su patria. Allí, al reseñar los diversos tipos de bailes populares de la isla, Alonso recalca en todo momento el supuesto predominio de la tradición europea en el acervo musical criollo: "En Puerto Rico hay dos clases de bailes: unos de sociedad, que no son otra cosa que el eco repetido allí de los de Europa; y otros llamados de *garabato*, que son propios del país, aunque dimanan a mi entender de los nacionales españoles mezclados con los de los primitivos habitantes; conócense además algunos de los de Africa, introducidos por los negros de aquellas regiones, pero que nunca se han generalizado, llamándoseles *bailes de bomba*, por el instrumento que sirve en ellos de música."[5] Al examinar más detenidamente en su texto los bailes *de garabato* (el sonduro, las cadenas, el fandanguillo, y el caballo), Alonso ignora su patente filiación africana, y los distingue a todo trance de los bailes de los negros: "Tales son los bailes de garabato: los de los negros de Africa y los de los criollos de Curazao no merecen incluirse bajo el título de esta escena; pues aunque se ven en Puerto Rico, nunca se han generalizado: con todo, hago mención de ellos porque siendo muchos aumentan la grande variedad de danzas que un extranjero puede ver en una sola Isla, y hasta sin moverse de una población."[6] Nótese la ambivalencia del texto frente al acervo negro, y su mecanismo de exclusión; Alonso se refiere en todo momento a los negros de su patria como "los negros de Africa." La alusión a "los criollos [entiéndase negros] de Curazao" sirve para reforzar esa *extranjerización* textual de los negros puertorriqueños, pues, en efecto, un porcentaje de los esclavos que llegaron a Puerto Rico en las postrimerías de la esclavitud eran traídos de esa vecina isla caribeña; sin embargo, la inmensa mayoría de los negros en el Puerto Rico de finales del siglo XIX eran nacidos en la isla, y entre los negros libres había familias que llevaban mucho más tiempo residiendo en Puerto Rico que la del propio Alonso, hijo de un gallego y una española de Ceuta.

Es justo señalar que en la edición revisada que hiciera de su libro en 1884—once años después de la abolición de la esclavitud en la isla—, Alonso incluyó un breve texto titulado "La negrita y la vaquita," en el cual sí se alude directamente a la esclavitud. En ese relato costumbrista, Alonso narra la artimaña de un jíbaro adinerado quien, sabiendo que la esposa del Capitán General español que gobernaba la isla en aquellos días acababa de dar a luz, vino a ofrecerle, para la crianza del bebé, los servicios de una nodriza negra que era su esclava, o, si ésta no le pareciera adecuada, los de una vaca lechera de su propiedad. En el relato, la nodriza negra se equipara—no sabemos con cuánta ironía—con la vaca lechera, y su papel es el de un simple objeto. Al final de su texto, Alonso señala que tales desmanes no se dan ya en los tiempos en que él escribe, porque "ha desaparecido la esclavitud, existe una constitución que concede derechos individuales a los habitantes de esta Isla, y entre estos derechos el de la libre emisión del pensamiento con arreglo a una ley."[7] No obstante, el propósito de esta narración es más bien el de fustigar la costumbre criolla de tratar de sobornar las autoridades mediante favores y regalos, y no el de condenar la esclavitud. La extranjerización de los negros no es, por supuesto, un fenómeno privativo de Puerto Rico; se dio en toda la América Hispana, aun en medio de las Guerras de Independencia. Manuel Moreno Fraginals cita unos reveladores versos de una canción de los mambises cubanos de fines de siglo XIX: "El negro y el cubano juntamente / al cruel español hagamos guerra"—como si los negros de Cuba no hubieran sido cubanos.[8] Sin embargo, al menos los cubanos los tomaron en cuenta para algo, y puede notarse a lo largo de la literatura cubana del XIX una curiosidad—por más negativa que fuese—por los negros y sus cosas que tuvo su expresión más constante en tipos del teatro bufo como el "negrito" y la "mulata."

Podría pensarse que la marginación de los negros que se observa en *El gíbaro* y en otros textos puertorriqueños del XIX, tan distinta de la fascinación ejercida por los negros sobre la imaginación cubana de la misma época, se debe al hecho de que la esclavitud misma es la forma más radical de negación de la personalidad individual. Ya el esclavo cubano Juan Francisco Manzano había observado en carta a Domingo Delmonte que "el esclavo es un ser muerto,"[9] idea que ha sido desarrollada científicamente en años recientes por el sociólogo Orlando Patterson en su impresionante estudio *Slavery and Social Death* (1982). Señala Patterson, en un párrafo que resume su tesis:

> La esclavitud comenzó como la violenta y permanente sujeción de una persona por otra. Dotada de un carácter y una dialéctica propias, la esclavitud tuvo su origen como una alternativa para la muerte segura y era mantenida mediante la brutalidad. . . . Al esclavo se le alienaba de su lugar de nacimiento y de su familia, y se le condenaba a ser una persona socialmente muerta, cuya existencia carecía totalmente de legitimidad. La alienación natal del esclavo y su aislamiento genealógico lo convertían en el implemento humano ideal, un *instrumentum vocal* perfectamente flexible, desvinculado y desarraigado. Para todos los miembros de la comunidad el esclavo existía sólo a través de su poseedor parasitario, a quien se le llamaba "el amo." A este nivel intersubjetivo el dueño de esclavos hacía uso de ellos para recibir las muy directas satisfacciones de tener poder sobre otros, de tener honra, distinción y autoridad. El esclavo, al perder en este proceso su poder autónomo, se veía degradado y reducido a una condición liminar.[10]

La sistemática "muerte social" a que es sometido el esclavo lo convierte, hasta cierto punto, en un hombre (o mujer) invisible, en una cosa más que una persona. Pero, ¿por qué en Cuba, donde la explotación y la deshumanización del esclavo en los ingenios había alcanzado niveles verdaderamente asombrosos a mediados del siglo XIX,[11] no se da la marginación literaria que vemos en Puerto Rico? A mi juicio, hay dos fenómenos que explican esto: por un lado, puede deberse, paradójicamente, a que en Puerto Rico los africanos ya estaban más asimilados e integrados social y culturalmente que en Cuba (aunque no por eso dejaran de sufrir discrimen). La gran mayoría de los negros puertorriqueños, a lo largo del siglo XIX, eran criollos desde hacía varias generaciones; su español no era peor que el de los campesinos blancos con quienes convivían, y las creencias religiosas y prácticas culturales de sus antepasados se habían diluido, a lo largo de los siglos, en el acervo común de la isla. En Cuba, por contraste, seguían llegando grandes contingentes de africanos, quienes constituían un elemento verdaderamente exótico dentro del panorama cultural del país. La atención prestada a los negros en la literatura cubana del XIX responde en buena medida al persistente "exotismo" del negro cubano; "exotismo" que en parte resultaba de la perseverante resistencia de los afrocubanos a ser despojados de sus tradiciones culturales mediante el proceso deculturizador de que eran objeto en los ingenios.

Por otro lado, el ninguneo literario del negro puertorriqueño puede deberse también al clima ideológico fomentado por la Cédula de Gracias de 1815, documento mediante el cual el gobierno español impulsó una política deliberada de "blanqueamiento" de Puerto Rico, temeroso de que ocurriera allí una rebelión de esclavos y libertos similar a la de Haití.[12] Los padres de Alonso, así como los de muchos otros miembros de la élite insular del XIX, habían emigrado a la isla aprovechando los incentivos económicos ofrecidos por la Cédula. Hay que considerar que, en su libro, Alonso está representando a Puerto Rico ante el mundo exterior (es significativa su alusión a la "grande variedad de danzas que *un extranjero* puede ver en una sola Isla"); aunque opina que a Puerto Rico le queda mucho por progresar, Alonso quiere hacer ver que su país es uno fundamentalmente "blanco," capaz de ponerse al nivel de Europa precisamente porque es un país de europeos.

Cabría pensar que si son pocas las alusiones explícitas a los descendientes de africanos en la literatura puertorriqueña del siglo XIX, quizá éstas existan de manera implícita o subrepticia, mediante el uso de circunloquios o eufemismos. Un eufemismo usado de vez en cuando en los textos posteriores a la abolición para referirse a los negros es el de "la clase artesana." Sabido es que los grupos artesanales hispanoamericanos, más débiles y menos restrictivos que los gremios europeos de los que se derivaban, se llenaron prontamente de libertos y mestizos durante la época colonial, hasta el punto que en el Caribe, todavía en el siglo XIX, decir "zapatero," "sastre," "ebanista," "músico," "tabaquero," y hasta "pintor de caballete" (como José Campeche en el siglo XVIII puertorriqueño), era evocar la imagen de un artesano negro o mulato. No obstante, ese eufemismo es lo bastante ambiguo como para nublar la posible imagen del negro que se sugiere en los textos que lo utilizan. Su uso implica, además, que aún después de la abolición los escritores puertorriqueños preferían representar y analizar su sociedad en términos de clases sociales y no en términos de razas.

En realidad, la mayor abundancia de testimonios textuales acerca de la vida de los hombres y mujeres negros de Puerto Rico durante la época colonial española no se encuentra en la literatura, sino en la rica documentación notarial y judicial guardada en el Archivo de Indias y en el Archivo General de Puerto Rico, que ya ha sido recogida por historiadores como Angel López Cantos, Jalil Sued Badillo, Benjamín Nistal, y Guillermo Baralt, entre otros.[13] Esos documentos legales comprenden informes policiales sobre esclavos cimarrones, pleitos por maltrato llevados a través del síndico por esclavos y esclavas contra sus amos, e informes sobre esclavos que conspiraban para sublevarse contra sus amos o fugarse "al Guarico" (como le llamaban a Haití). En ellos sí podemos ver—aunque filtrados a través de la retórica del abogado y la ortografía del amanuense—no sólo los roces y conflictos diarios entre amos y esclavos, blancos y negros, en la sociedad insular, sino también los intentos que hacían los negros puertorriqueños por *representarse* a sí mismos, si bien en un sentido más jurídico que estético. A través de estos documentos nos llegan las figuras, los hechos, y algo de las voces de personas como Marcos Xiorro, el cabecilla de una conspiración de esclavos rebeldes en el pueblo de Bayamón en 1821; de la negra Petrona, vendedora de tortillas del partido de Loíza, quien difundía la voz para que en el día de San Mateo se le diese la libertad a los esclavos; o de José Joaquín, esclavo de don Miguel Dávila, quien en 1826 cantaba una "bomba" en la que invitaba a los negros que lo escuchaban a fugarse con él para Haití.[14]

Además de las fuentes de archivo, también nos ayuda a recobrar la imagen del negro puertorriqueño antes de siglo XX el legado, más sutil y disperso, del folklore afropuertorriqueño, el cual consiste de refranes, adivinanzas, cuentos, y canciones en los que se entreveran elementos hispánicos y africanos. A este legado folklórico, así como a las fuentes documentales, han regresado en los últimos años no sólo los historiadores y sociólogos, sino también algunos de los narradores más destacados del momento en Puerto Rico, en novelas como *La noche oscura del Niño Avilés* (1984) de Edgardo Rodríguez Juliá y libros de cuentos como *Encancaranublado* (1983) de Ana Lydia Vega.

Antes de ellos, por supuesto, el silencio literario sobre los negros puertorriqueños fue roto por importantes figuras de nuestra literatura del siglo XX: Luis Palés Matos, Francisco Arriví, Pedro Juan Soto, y José Luis González, en las décadas del 30 al 60, y Luis Rafael Sánchez en los setentas. No obstante, sería imposible en Puerto Rico escribir estudios como el de Pedro Barreda-Tomás sobre *El protagonista negro en la novela cubana*, pues durante buena parte de los siglos XIX y XX el tipo étnico y social predilecto en la ficción narrativa puertorriqueña lo fue el jíbaro, el campesino blanco de las montañas.[15] Los puertorriqueños negros han empezado a figurar como protagonistas en la narrativa puertorriqueña sólo en tiempos muy recientes, en novelas como *Usmaíl* (1959) de Pedro Juan Soto y *La guaracha del Macho Camacho* (1976) de Luis Rafael Sánchez, en los *Cinco cuentos negros* (1974) de Carmelo Rodríguez Torres, y en las ya mencionadas obras de Rodríguez Juliá y de Vega.

Durante muchos años, Puerto Rico le dio la espalda a su verdadera índole de país antillano. Desde hace un par de décadas, sin embargo, como nos recuerda José Luis González, Puerto Rico ha empezado a "caribeñizarse," al recibir en su suelo nuevas oleadas inmigratorias de las hermanas Antillas, Cuba, Haití, y Santo Domingo.[16] Esa "caribeñización" es muy ambigua—según lo ha señalado recientemente y con agudeza Edgardo Rodríguez Juliá—, pues cabe preguntarse cómo se está "caribeñizando" Puerto Rico en realidad; si en armonía con las circunstancias socioeconómicas y culturales de la región, o de acuerdo a los designios del Plan Reagan para la Cuenca del Caribe.[17] Sin embargo, no cabe duda de que el intensificado intercambio material y cultural entre Puerto Rico y las demás Antillas en los últimos años ha promovido el reconocimiento del aporte fundamental de los afropuertorriqueños a la cultura nacional. Está todavía por verse si ese fenómeno ayudará también a romper uno de los legados más siniestros y permanentes de la época esclavista: el silencio que se cierne sobre toda discusión del racismo en la sociedad puertorriqueña.[18]

NOTAS

Este trabajo fue leído en el Segundo Simposio Estadounidense-Soviético de Literatura Latinoamericana, dedicado al tema de "Literatura y conciencia nacional en la literatura latinoamericana del siglo XIX," celebrado los días 1 al 3 de diciembre de 1987 en la Universidad de Illinois en Urbana-Champaign, con el co-auspicio del American Council of Learned Societies y la Academia Soviética de Ciencias. En aquella ocasión, preludié mi ponencia con las siguientes palabras, que quiero reproducir aquí: "Participar en un simposio como este no sólo es para mí un gran honor, sino que me recuerda además que los estudios humanísticos nunca han sido ni son inocentes, sino una forma de ejercer el poder. Como decía Francis Bacon: "El conocimiento es poder." Desafortunadamente, a menudo los países fuertes estudian a los débiles para mejor dominarlos. Es entonces un acto de justicia y equilibrio el que en este diálogo entre los E. U. y la URSS sobre América Latina, intervenga un latinoamericano. Pues, pese al estatuto político ambiguo de Puerto Rico, mi país es sin lugar a dudas una nación latinoamericana. Los E. U. ya están muy bien representados en este simposio. Permítaseme entonces representar a un pequeño país que se llama Puerto Rico, y por lo tanto, a la América Latina, que es el tema central de nuestras discusiones." Deseo también hacer constar mi profundo agradecimiento a los organizadores del simposio, los Profesores Ivan A. Schulman y Evelyn Picon Garfield, así como a los demás participantes en el mismo, las profesoras Graciela Palau de Nemes y Peggy Sharpe Valadares, y los académicos Vera Kuteischikova, Yuri Zubritski, y Valeri Zemskov.

1. José Curet, *Los amos hablan. Unas conversaciones entre un esclavo y su amo, aparecidas en El Ponceño, 1852–53*. (Río Piedras: Editorial Cultural, 1986). Coincido plenamente con el señalamiento de Curet de que "fueron los amos los que convirtieron la experiencia de la esclavitud en Puerto Rico en un gran silencio, en la voz muda que impone la presencia del *poder*" (p. 54). Curet no se pregunta, desde una perspectiva comparativa, por qué en Cuba ese silencio de y sobre el esclavo no fue tan total como en Puerto Rico.

2. Un resumen adecuado del trasfondo económico-social de la abolición en Puerto Rico puede hallarse en Fernando Picó, *Historia general de Puerto Rico* (Río Piedras: Ediciones Huracán-Academia, 1986), capítulos 10 y 11. Sobre aspectos específicos del proceso, ver Francisco Scarano, *Sugar and Slavery in Puerto Rico: The Plantation Economy of Ponce, 1800–1850* (Madison: University of Wisconsin Press, 1984); Andrés Ramos Mattei, ed., *Azúcar y esclavitud* (Río Piedras: Editorial de la Universidad de Puerto Rico, 1982); y José Curet, "From Slave to Liberto: A Study on Slavery and its Abolition in Puerto Rico, 1840–1880" (tesis doctoral, Columbia University, 1979).

3. Luis M. Díaz Soler, *Historia de la esclavitud negra en Puerto Rico* (Río Piedras: Editorial de la Universidad de Puerto Rico, 1981), p. 275.

4. Díaz Soler, p. 279.

5. Manuel A. Alonso, *El Gíbaro* (Río Piedras: Editorial Cultural, 1949), p. 34.

6. Alonso, p. 40.

7. Alonso, pp. 170–71.

8. Manuel Moreno Fraginals, *El ingenio. Complejo económico-social cubano del azúcar*, III (La Habana: Editorial de Ciencias Sociales, 1978), p. iii.

9. Juan Francisco Manzano, *Autobiografía, cartas y versos*, ed. José Luciano Franco (La Habana: Municipio de la Habana, 1937), p. 84.

10. Orlando Patterson, *Slavery and Social Death. A Comparative Study* (Cambridge: Harvard University Press, 1982), p. 337. La traducción es mía.

11. Moreno Fraginals, *El ingenio*, II, 7–15.

12. José Luis González, *El país de cuatro pisos y otros ensayos* (Río Piedras: Ediciones Huracán, 1980), p. 23 y ss.

13. Véanse Guillermo Baralt, *Esclavos rebeldes: Conspiraciones y sublevaciones de esclavos en Puerto Rico (1795–1873)*. (Río Piedras: Ediciones Huracán, 1982); Jalil Sued Badillo y Angel López Cantos, *Puerto Rico negro* (Río Piedras: Editorial Cultural, 1986); Benjamín Nistal Moret, *Esclavos prófugos y cimarrones. Puerto Rico., 1770–1870* (Río Piedras: Editorial de la Universidad de Puerto Rico, 1984). Aunque no es un estudio historiográfico, no puede obviarse de esta nómina el trabajo importante y precursor de Isabelo Zenón Cruz, *Narciso descubre su trasero*, 2 tomos (Humacao: Editorial Furidi, 1974–75).

14. Baralt, pp. 33–40, 56–57, y 120.

15. Pedro Barreda-Tomás, *The Black Protagonist in the Cuban Novel* (Amherst: The University of Massachusetts Press, 1979). Ver reseña de Roberto González Echevarría en *Isla a su vuelo fugitiva* (Madrid: Ediciones José Porrúa Turanzas, S. A., 1983), pp. 241–46.

16. José Luis González, *Nueva visita al cuarto piso* (San Juan: Libros del Flamboyán, 1986), pp. 210–14.

17. Edgardo Rodríguez Juliá, "Puerto Rico y el Caribe: historia de una marginalidad" (Conferencia inédita, dictada en el Congreso sobre el Caribe del Wilson Center, del 5 al 7 de marzo de 1987).

18. Una manifestación textual de ese legado de silencio en nuestro siglo XX lo es el folleto de Tomás Blanco, *El prejuicio racial en Puerto Rico* (1942), texto que ha sido analizado críticamente con gran lucidez por Arcadio Díaz Quiñones, en "Tomás Blanco: racismo, historia, esclavitud," estudio preliminar a Tomás Blanco, *El prejuicio racial en Puerto Rico. Obras Completas de Tomás Blanco*, Tomo 3 (Río Piedras: Ediciones Huracán, 1985), pp. 13–91.

YURI ALEKSANDROVICH ZUBRITSKI

Juan Wallparimachi Mayta y la conciencia étnico-nacional quechua

El nombre de Juan Wallparimachi Mayta no es tan ampliamente conocido para preparar algún trabajo referente a su obra o su actividad social, sin relacionarla con algunos momentos de su biografía. Es tanto más necesario, que en los marcos de los conceptos y doctrinas racistas acerca de la llamada "incapacidad congénita de los indios" para un trabajo creador, algunos autores deducen la línea genealógica de Wallparimachi Mayta nada menos que de un hijo bastardo del rey español Carlos III y de una princesa napolitana.[1] Las fuentes serias, sin embargo, contradicen a esta leyenda y otras fantasías románticas acerca de la personalidad del poeta.

Juan Wallparimachi Mayta nació cerca del poblado Macha (hoy territorio de Bolivia) en 1793 en una pobre familia indígena. Era niño cuando murieron sus padres. La vida de un huérfano es poco envidiable en todos los tiempos y en todas las latitudes. Pero los mayores sufrimientos esperaban a cualquier huérfano indio. El *ayllu*, o comunidad, no podía defenderlo si algún latifundista, funcionario, o comerciante blanco manifestaba su deseo de apoderarse de tal niño-huérfano destinándolo a la suerte de un sirviente esclavo. El joven Juanito no pudo evitar tal suerte. Lo recogió un criollo rico Manuel Ascencio Padilla para que el pequeño indio sirviera a sus hijos. En aquella época entre las familias criollas estaba muy difundida la educación en casa a los niños y Ascencio Padilla enseñaba a sus hijos a leer y escribir mientras que el pequeño Juanito tenía que permanecer de pie para que en cualquier momento pudiera cumplir con sus obligaciones de sirviente. Para asombro de sus amos, dentro de poco comenzaron a aparecer palabras escritas con carbón en las paredes. Resultó que las escribía el pequeño indio que aprendió la lectura y escritura contemplando de lejos el proceso de enseñanza a los hijos del señor. En aquel tiempo la escritura se consideraba propiedad de los blancos y el hecho de que se apoderó de ella un indio podía juzgarse como un delito digno de un castigo severo. Pero Manuel Ascencio Padilla era hombre de ideas avanzadas

y emancipadoras. No castigó al niño indígena por su "delito" y, por
el contrario, llegó a ser su profesor, en muchos aspectos actuando como
padre del huérfano, sin tratar de hacerle olvidar su pertenencia al
pueblo quechua.

Ahora parece necesario hablar aunque sea en breve, no solamente
sobre los destinos de Wallparimachi Mayta sino también acerca de su
pueblo.

Antes de la llegada de los europeos, bajo la hegemonía de los incas
en la región andina, tuvo lugar un proceso de consolidación de las
macroetnias y microetnias en una sola nacionalidad quechua; nacionalidad del tipo que se forma en las condiciones del esclavismo despótico
temprano. El proceso tuvo un carácter progresista que se manifestó en
el aumento de las fuerzas productivas y en el desarrollo de la cultura
material y espiritual en el imperio antiguo de los incas (Tawantinsuyu).
La invasión española puso fin a cualquier posibilidad de desarrollo
independiente de los pueblos indígenas; fue coartado también el proceso de formación de la antigua nacionalidad quechua. No obstante,
a pesar de la destrucción catastrófica de los valores culturales de Tawantinsuyu, el potencial étnico-cultural de la población andina no resultó destruido por completo.

La nacionalidad quechua antigua—derrotada, aplastada y mutilada—
a pesar de todo sirvió de base para la formación de la nacionalidad
quechua de tipo feudal, porque precisamente tal tipo de sociedad se
instaló en las colonias españolas (si partimos de sus principales paráme-
tros socioeconómicos, políticos e ideológico-culturales). Consideramos
que el momento concluyente de la formación de la nueva nacionalidad
quechua es el poderoso movimiento revolucionario de comienzos de
la década del ochenta del siglo XVIII, encabezado por José Gabriel
Condorcanqui Tupac Amaru y sus compañeros de lucha. Los ecos de
este movimiento resonaron en casi todas las colonias sudamericanas
de España y entre los grupos social-raciales más diferentes—criollos,
mestizos, negros, mulatos y zambos—pero la fuerza promotora principal de la revolución tupacamarista la constituyeron los indios quechuas y aymaras. Atemorizada por las proporciones de dicho movimiento la corona española hizo algunas concesiones de índole social;
pero al mismo tiempo emprendió las medidas más crueles, despiadadas
y enérgicas encauzadas a la destrucción premeditada de la cultura étnico-nacional del pueblo quechua (así como del aymara y otros) para
paralizar el mismo desarrollo étnico-nacional de la población indígena
y conseguir su plena castellanización. Los textos de las ordenanzas y
edictos reales no dejan la menor duda al respecto. Voy a permitirme
citar un trozo bastante extenso de una de estas disposiciones, en la cual

las medidas de opresión de la población indígena y de la destrucción de su cultura son representadas como un castigo por su lucha de liberación nacional.

Por causa del rebelde mándase que los naturales se deshagan o entreguen a sus corregidores cuantas vestiduras tuvieran, como igualmente las pinturas o retratos de sus incas los cuales se borrarán indefectiblemente como que no merecen la dignidad de estar pintados en tales sitios.

Por causa del rebelde, celarán lo mismo corregidores que no se presenten en ningún pueblo de sus repectivas provincias comedias u otras funciones públicas de las que suelen usar los indios para memoria de sus hechos antiguos.

Por causa del rebelde, prohíbense las trompetas o clarines que usan los indios en sus funciones, a las que llaman pututus y que son unos caracoles marinos de un sonido extraño y lúgubre.

Por causa del rebelde, mándase a los naturales que sigan los trajes que se los señalan las leyes; se vistan de nuestras costumbres españolas y hablen la lengua castellana bajo las penas más rigurosas y justas contra los desobedientes.[2]

A la sombra negra de tal legislación nació Juan Wallparimachi Mayta en 1793, es decir diez años después de la derrota definitiva del movimiento de Tupac Amaru. Al conseguir la victoria sembrando la división y hostilidad entre los indios y otros grupos étnico-raciales, las autoridades coloniales trataban de seguir manteniendo esta enemistad y de incluir a los criollos, mestizos e incluso negros, mulatos y zambos en el mecanismo de la opresión de la población indígena. En estas condiciones para mantener la vitalidad de la nacionalidad quechua tenía importancia cualquier paso encaminado a proteger y fomentar su cultura étnica como antítesis de la política de su aplastamiento. La vida y obra del joven indio, ex-sirviente, llegó a ser precisamente la personificación práctica de esta antítesis.

El comienzo de la Guerra de Independencia Juan Wallparimachi Mayta lo encontró siendo un muchacho de diecisiete años. Era hábil, fuerte, audaz y apuesto. Y no en vano Ascencio Padilla quiso llegar a ser de hecho pariente de este muchacho, pensando casar con él a una de sus hijas. Pero este momento en la biografía de Wallparimachi no está muy claro. Más información existe sobre otra historia romántica, es decir sobre su amor a Vicenta Quirós, joven de dieciséis años, casada a la fuerza con un rico andaluz y obligada, después de revelarse su relación íntima con un indio, a pasar el resto de su vida en un convento. Es precisamente la angustia por la pérdida de la mujer adorada que caracteriza el contenido de la mayoría de los poemas de Wallparimachi accesibles al lector contemporáneo. Era un reto, un desafío a la moral de la sociedad colonial, en la cual el amor de un indio por una mujer blanca y tanto más la relación íntima entre ambos, se consideraba un gran delito.

Pero Wallparimachi Mayta lanza un reto no solamente a la moral colonial, sino a todo el sistema colonialista de opresión de la población indígena. Recordemos las fórmulas del edicto real: "Por causa del rebelde mándase a los naturales que . . . se vistan de nuestras costumbres españolas. . . ." Y Wallparimachi, quien sin duda tenía la posibilidad de vestirse como su protector Ascencio Padilla, es decir, a la manera de los españoles y criollos, se viste únicamente de trajes indígenas típicos.

La disposición real persigue a los dramas populares indios como a un enemigo más peligroso. Y Wallparimachi absorbe el texto del drama *Apu Ollantay* (y también, al parecer de otros, que no llegaron a nuestras manos), lo que se revela con toda claridad en las imágenes y figuras de su obra poética.

"Por causa del rebelde, mándase a los naturales que . . . hablen la lengua castellana bajo las penas más rigurosas . . . contra los desobedientes." Como respuesta a esta amenaza Juan Wallparimachi Mayta, quien dominaba el castellano a la perfección, no solamente aprovecha cualquier ocasión para hablar en quechua, sino que compone en *misqui runa simi* (es decir, en el 'dulce idioma del Hombre') poemas de una belleza y expresividad extraordinarias, enriqueciendo la lengua de su pueblo.

Cabe la pregunta: ¿cómo podían mantenerse relaciones de amistad y casi de parentesco entre, por una parte, un indio que era huérfano y pobre pero en quien se destacaban su orgullo y dignidad nacional, y, por otra, un rico criollo, representante de la comunidad étnico-nacional destinada por el mismo sistema de las relaciones sociopolíticas e inter-étnicas a hallarse en conflicto con la población indígena oprimida?

Claro está que en este caso jugaron un papel de importancia los sentimientos de respeto, de simpatías, de disposición y de gratitud que muchas veces borran las fronteras sociales o políticas que dividen a los seres humanos.

Pero también es evidente que esta amistad expresaba y simbolizaba fenómenos y procesos de profundo contenido sociohistórico de aquella época.

Sin embargo, la marcha *objetiva* de la Historia planteó una tarea común para todos estos grupos, la de la liberación del yugo colonial español. La verdad es que la expresión *subjetiva* de la lucha por realizar esta tarea adquirió contornos dramáticos. En el momento de la revolución de Tupac Amaru y de sus compañeros (sus hermanos Tupac Katari y Julian Apasa Tupac Katari) los criollos prácticamente traicionaron la causa de la liberación de su patria y tomaron el lado de los colonizadores. Los mestizos siguieron el ejemplo de los criollos. Y al comienzo del siglo XIX, cuando se levantaron los criollos, los indios casi por doquier mostraron indiferencia y pasividad hacia la lucha de "los blancos contra los blancos," e incluso en algunas partes los indios apoyaron a los españoles. Repetimos: "casi por doquier" . . . pero no por doquier. Como excepción varios autores citan el ejemplo de México. Pero también Collasuyo (es decir, Bolivia) nos ofrece otro ejemplo significativo cuando ya en el período inicial de la Guerra de Emancipación (el llamado período de las "republiquetas"), junto con la tropa de criollos y mestizos encabezados por Manuel Ascencio Padilla, combatía una gran unidad de indios, bastante numerosa para aquel tiempo (1.900 combatientes), comandada por Juan Wallparimachi Mayta.

Y otra vez queda fiel a sí mismo el poeta: domina con destreza las armas europeas, inclusive las de fuego. Pero sigue siendo el arma predilecta de Wallparimachi el *warak'a*, es decir la honda, arma tradicional indígena. Como testimonian las fuentes, la audacia de Wallparimachi no tenía límites. El 7 de agosto de 1814 en la famosa batalla de Caretas, una bala enemiga atravesó el corazón ardiente del gran poeta y patriota. Murió apenas cumplidos sus veintiún años.

La obra de Juan Wallparimachi Mayta consiste en solamente doce poemas. No obstante entre los que han estudiado su obra, está muy difundida la opinión de que estos representan solamente una pequeña parte de lo que él escribió; el resto se ha perdido. Para tal suposición sirve de argumento la gran madurez poética, que sólo puede ser alcanzada por un maestro de experiencia, que inevitablemente tendría que recorrer previamente el camino de la poesía menos madura y de menor perfección.

Pero existe un argumento más: entre el folklore oral quechua (a propósito, folklore de extrema abundancia) se encuentran a veces coplas, refranes, estrofas, así como canciones y poesías enteras, que asombran por sus semejanzas a los versos escritos por Wallparimachi, aunque en este caso es difícil precisar quién es el maestro y quién el alumno: poeta o pueblo. Lo más probable es que este intercambio de valores haya tenido un carácter bilateral y recíproco, y de esta manera la cultura étnico-nacional, incluyendo la conciencia y sicología etnosociales, han obtenido nuevos impulsos para su desarrollo.

La mayoría de los poemas de Wallparimachi que nos han llegado pertenecen a la lírica amorosa, creada al estilo de los géneros del sistema poético antiguo incaico, que fue elaborada en detalle. Estos géneros seguían subsistiendo en el pueblo a pesar de la rigurosidad de los edictos y ordenanzas reales.

Y si estas ordenanzas disponían por doquier borrar las pinturas de los incas y de todos los modos disponibles extirpar de la conciencia indígena toda imagen del esplendor de la antigua civilización, Wallparimachi, restaurando y enriqueciendo las antiguas tradiciones poéticas, al mismo tiempo hacía resurgir dichas imágenes, cimentando así la conciencia étnico-nacional.

Pero no solamente por el renacimiento de los valores culturales del pasado se define la importancia social de la lírica amorosa de Wallparimachi Mayta. Acerca del significado de esta poesía para la educación de los sentimientos del patriotismo y de la dignidad nacional quechua muy bien dijo Jesús Lara, destacado filólogo, escritor e indigenista boliviano: "Los poemas de Wallparimachi, escritos en un quechua noble, de admirable pureza, fueron elaborados con elementos auténticamente indígenas. En ellos todo nos habla de lo nuestro. En su paisaje, en sus imágenes, en sus símbolos palpita el espíritu de la raza."[3] Una importancia especial tiene un poema, que figura fuera del ciclo de la lírica amorosa. Fue dedicado a la madre del poeta, perdida en la tierna infancia de éste. Este poema también fue compuesto según el género incaico tradicional del *wanka*, el cual en la poesía europea corresponde más o menos a la elegía, y en este caso se trata de los lamentos de un huérfano. El tema de la orfandad adquirió una resonancia especial no solamente en la poesía quechua, sino también en la conciencia social quechua en general. Desde el Ecuador hasta las provincias argentinas de Jujuy y Santiago del Estero en el folklore oral quechua suenan los lamentos de huérfanos por los padres que se han ido al otro mundo.

Este fenómeno puede ser explicado si prestamos atención a algunas peculiaridades de la historia social y étnica del pueblo quechua. Mencionemos una de las más importantes instituciones de la sociedad incaica: se trata del paternalismo en el sentido original de esta palabra. El Unico Inca, el rey, fue adorado por sus súbditos no solamente como "el hijo del Sol," sino también como el padre de aquéllos. La muerte del Unico Inca Atahuallpa, asesinado por el verdugo español, ocasionó un pesado trauma moral a las amplias capas de la población de Tawantinsuyu que se grabó en su conciencia y sicología como orfandad.

Tres siglos seguidos de explotación despiadada y opresión cruel de los indios, cuando ellos dejaron de ser dueños de su tierra y de sí mismos, reforzó los sentimientos de orfandad y desamparo.

Precisamente por eso el poema de Wallparimachi "Mi madre," compuesto con enorme fuerza expresiva, se ha difundido (completo o en partes) por todo el enorme territorio cultural quechua. El poema pasa de boca en boca, se difunde en manuscritos, dando origen a un sinnúmero de imitaciones y variaciones.

Es importante subrayar también un aporte más de Juan Wallparimachi Mayta al fomento de la cultura quechua, particularmente a la conciencia étnico-nacional. Se trata de la influencia de sus poemas sobre los poetas quechuas de las generaciones posteriores, incluyendo al mismo Andrés Alencastre (Kilku Warak'a), el poeta quechua más prolífico y talentoso de los tiempos contemporáneos.

Los que han escrito sobre el hombre y su obra casi nada comunican sobre Wallparimachi como orador, como tribuno, o como propagandista político. He aquí un hecho que alumbra un poco esta parte de su corta, pero brillante vida. Tenemos en cuenta su traducción al quechua de la histórica proclama de Juan José Castelli, Jefe del Primer Ejército Auxiliar, mandado al Alto Perú (Bolivia) en 1810 por el gobierno de Buenos Aires.

No es difícil suponer que el hombre, que supo traducir al quechua un texto político bastante complicado, también sabía exponer en esta lengua conceptos sociales, políticos, e incluso filosóficos. Y es posible (y hemos oído sobre esto de la boca de algunos quechuas bolivianos) que las pausas entre combates Wallparimachi las haya utilizado no solamente para arreglar el armamento primitivo indígena y para los ejercicios militares, sino también para la educación política de sus combatientes en el espíritu del patriotismo, amor a la libertad, dignidad nacional y humana.

Con el democratismo, que reinaba en su tropa, parecen muy verosímiles algunas tradiciones orales según las cuales las pláticas políticas patrióticas Wallparimachi las combinaba con el recitado o canto de sus poesías. Los guerreros indios asimilaban pláticas y poesías como algo unido entre sí, o, utilizando el lenguaje moderno, como elementos de un solo sistema. No es casual que en nuestros días el recitado de los versos de Wallparimachi muchas veces provoque entre los quechuas contemporáneos asociaciones con imágenes e ideas sobre la lucha por sus reivindicaciones tanto en el pasado como en el presente.

Finalizando, el autor de este ensayo quisiera subrayar que de ninguna manera pretende agotar el tema y solamente lo plantea. Al mismo tiempo, incluso la exposición tan breve del tema nos permite deducir que la vida y obra de Juan Wallparimachi Mayta constituyen uno de los ejemplos del fenómeno que ocurre (y que se observa con frecuencia en la historia humana) cuando sobre la base de la cultura popular, de repente florece el don creador de una personalidad destacada y talentosa, cuya obra a su vez llega a ser un aporte valioso a la cultura popular, incluyendo un elemento tan importante como el de la conciencia étnico-nacional.

NOTAS

1. Para más detalle ver Samuel Velasco Flor, *Vidas de bolivianos célebres* (Potosí, 1871); Luis Subieta Sagárnaga, *Juan Huallparimachi. Juegos florales de Potosí* (Potosí, 1906); y Miguel Ramallo, *Guerrilleros de la Independencia* (La Paz: González y Medina, 1919).

2. Cita tomada de Neiva Moreira, *Modelo peruano* (Buenos Aires: La Línea, 1974), pp. 155–56.

3. J. Lara, *La literatura de los quechuas* (La Paz: Editorial Juventud, 1969), p. 141.

IVAN A. SCHULMAN

La modernizacion del modernismo hispanoamericano

A Angel Rama

Las calas revisionistas

Modernizar el modernismo hispanoamericano entraña la tarea de incorporar en el discurso crítico modernista las transformadas estructuraciones socioculturales de la modernidad cuyas primeras huellas se patentizaron en América a partir de la segunda mitad del siglo XIX. Modernizar implica hacer otras, nuevas lecturas.

Mediante las de los últimos veinticino años, hemos logrado comprender mejor los códigos de una escritura de "remolde," anárquica, y revolucionaria, ligada, sin embargo, a los patrones de la tradición estilística hispánica. Las *impulsiones* de esta escritura, en el sentido lezamiano,[1] y desde las perspectivas de la crítica moderna, han llegado a constituir una *imago* de irrupción continua a partir de la obra renovadora de los escritores primigenios del modernismo: Martí, Gutiérrez Nájera, Casal, y Silva.

El periplo de la superación crítica—evolucionante y abierta todavía hoy—describe un arco cuyo punto inicial serían los conceptos condenatorios de los "excesos" escriturales de la "sangre nueva" artística por parte de la crítica finisecular antimodernista. Según ella el modernismo se presentaba como un arte decadente, de vida efímera, producto del agotamiento finisecular, manifestación de una "disgregación de fuerzas, y de una desintegración orgánica que correspond[ía] a la desintegración social."[2] Lecturas como éstas han sido eclipsadas por otras centradas, en primer término, en la visión creadora individual y subjetiva de un discurso social crítico—"mi literatura es *mía* en mí" (Darío, "Palabras liminares")—, es decir, lecturas no condicionadas por la defensa del *status quo* de la imperante escritura académica y canónica del XIX. Sin embargo, no deja de ser motivo de curiosidad, ahora que hemos empezado a rescatar la crítica que acompañó el fervor de la revolución modernista,[3] que aún entre los descentrados conceptos de los antimodernistas descubrimos lecturas acertadas como la citada que equipara el renovado estilo con la "desintegración social" decimonónica.

Entre los más arraigados conceptos alusivos al estilo modernista el más difícil de superar ha sido su identificación con una literatura "aparente y externa" la que Manuel Díaz Rodríguez describió como "algo superficial, una simple cuestión de estilo, ... una modalidad nueva de éste ..., [o] ... una verdadera *manía de estilismo*."[4] Contrario a lo que pensaba la crítica de principios del siglo XX, los artistas y creadores del modernismo—inclusive algunos de sus detractores[5]—supieron interpretar los signos de la expresión modernista a la luz de una renovación espiritual e ideológica coetánea, viendo en ella más que la *manía del estilismo*: "Se trata[ba]—según un observador contemporáneo, Díaz Rodríguez—de un movimiento espiritual muy hondo a que involuntariamente obedecieron y obedecen artistas y escritores de escuelas desemejantes. De orígenes diversos, los creadores del modernismo lo fueron con sólo dejarse llevar, ya en una de sus obras, ya en todas ellas, por ese movimiento espiritual profundo."[6]

A pesar de esta insistencia sobre las dimensiones ideológicas o filosóficas, fueron las innovaciones estilísticas el aspecto de la escritura modernista que más perduró en la memoria colectiva y la cultura popular, creando la imagen, heredada por la crítica tradicional, de un modernismo frívolo, exótico, y hasta estrafalario. Piénsese en la caracterización lingüística del dueño de la estación de radio en *La tía Julia y el escribidor* (1977) quien, al quejarse de ciertas bizarrías en que incurrió un creador errático de radioteatros, las tildó de "modernistas,"[7] y con amenazas de despedirlo, recomendó que se dejara de "modernismos."[8]

Estas y otras desfiguraciones del estilo de escribir y pensar modernistas han quedado estampadas en la imaginación popular. La energía de sus *impulsiones* ha creado esencias subsistentes. Ejemplo: entre los "artefactos" de Nicanor Parra, leemos el siguiente testimonio,[9] índice de la vitalidad del estilo modernista, en especial la faceta cromática rubeniana:

> ARTEFACTO
> DE QUE COLOR PREFIERE
> EL PAPEL COMFORT?
> Azul ...
> ¿Azul?
> ¡Azul!
> AUN NO ROMPO CON EL MODERNISMO[10]

Las pervivencias modernistas han fomentado relecturas contemporáneas, a tal punto, que en los últimos dos o tres años se ha planteado la necesidad de escribir una nueva historia del modernismo, proyecto caracterizado, sin embargo, como "imposible" por uno de sus proponentes. "No sabemos—observa—lo que nos diría una nueva historia del Modernismo. Que ya la necesitamos parece inevitable." Y, termina sus puntualizaciones críticas con el comentario sombrío: "sólo podremos escribir esa historia cuando acabemos de aceptar el carácter profundamente enigmático del Modernismo."[11]

Subscribimos la idoneidad de una nueva historia del modernismo. Pero ésta, a nuestro juicio, habría que elaborarla desde el ángulo de los nexos de su producción social y su producción literaria, y en el contexto de los modelos propuestos en *Los hijos del limo, Las máscaras democráticas del modernismo, "Las entrañas del vacío".* . . , *Modernismo,* y *Celebración del modernismo.* Leídos los textos modernistas conforme a los conceptos expresados en estas obras, resultarán menos enigmáticos a pesar de las paradojas y contradicciones que abundan en ellos. Darío, el a veces inconsciente iluminado, entendió las sutilezas, amén de las paradojas, del discurso modernista. En sus "Dilucidaciones" de *El canto errante* observó que "el arte no es un conjunto de reglas, sino una armonía de caprichos." Estos no sólo forman parte de la diversidad subjetiva y lúdica del arte modernista, sino que constituyen la base de una tradición de la modernidad cuyas raíces europeas se habían perfilado con claridad en América a partir de la segunda mitad del siglo XIX. Los signos de una transformación radical parecida en la cultura europea los descifró Barthes en relación con la expansión demográfica de Europa a mediados del XIX, el crecimiento de la industria pesada, y la escisión de la sociedad francesa a partir de 1848 en tres clases hostiles entre sí, confluencia de circunstancias históricas y económicas que crearon la derrota de la ideología liberal (defendida hasta este momento por los escritores burgueses), el refugio del artista burgués en la forma, y la multiplicación subsiguiente de los estilos de escribir. Consecuencia de estos hechos fue que "la escritura clásica empezó a desmoronarse, y toda la literatura, de Flaubert, hasta nuestros días, se transformó en la problemática del lenguaje."[12]

Al comienzo de la segunda mitad del siglo XIX, sólo unos visionarios como Baudelaire percibieron la naturaleza del reajuste, todavía incipiente, en las relaciones entre el artista, su arte, y la sociedad que entrañaban las transformaciones socioeconómicas coetáneas.[13] En América el escritor que primero captó el sentido de la aurora de un nuevo orden social, fue Martí, quien en la vanguardia del pensamiento hispanoamericano, dedicó un ensayo revolucionario y contundente, "El poema del Niágara" (1883), a la exploración de los signos hispanoamericanos de la modernidad, algunos de los cuales señalara el poeta de

Las flores del mal, en especial, la preeminencia del principio del flujo
en el universo artístico y social de la época moderna. Pero, a diferencia
de Baudelaire, Martí analizó 'las vallas rotas" de la sociedad moderna
con un concepto más abarcador de las estructuras sociales de su momento, y con un mayor sentido del ritmo diastólico y sistólico de las
instituciones históricas humanas, entendidas éstas en términos del dinámico y metamórfico proceso histórico. El conservador Valera en su
"Carta-prólogo" a *Azul* . . . percibió este doble ritmo en relación con
el desmoronamiento de la fe y los dogmas, cuyas consecuencias dobles
para la literatura reputaba ser:

> 1°. Que se suprima a Dios o que no se le miente sino para insolentarse
> con El, ya con reniegos y maldiciones, ya con burlas y sarcasmos; y
> 2°. Que en este infinito tenebroso e incognoscible perciba la imagi-
> nación, así como en el éter, nebulosas o semilleros de astros, fragmentos
> y escombros de religiones muertas, con los cuales procura formar algo
> nuevo como ensayo de nuevas creencias y de renovadas mitologías.[14]

En la obra rubeniana estas transformaciones creaban, según Valera,
un discurso que por un lado se caracterizaba por "el pesimismo, como
remate de toda descripción de lo que conocemos," y, por otro, "la
poderosa y lozana producción de seres fantásticos, evocados o sacados
de las tinieblas . . . donde vagan las ruinas de las destrozadas creencias
y supersticiones vetustas."[15]

La dualidad, más exacto sería decir el polimorfismo en constante
rotación, llegó a constituir un código esencial de la escritura decimonónica. Desorientados frente al derrumbe de los valores tradicionales,
los modernistas buscaban la autoafirmación individual en una multiplicidad de universos y espacios, tanto artísticos como históricos.
"Amador de la lectura clásica—escribió Rubén—me he nutrido de ella,
mas siguiendo el paso de mis días" ("Dilucidaciones").

La ubicación histórica del escritor empezó a cobrar signos individuales, los de rehacerse frente a las mitologías del pasado y del presente.
"Toca a cada hombre reconstruir su vida: a poco que mire en sí, la
reconstruye," escribió Martí.[16] En esta época de vida "suspensa"[17] los
modernistas percibieron la visión del destino del hombre en un inesta-
ble, deconstruido mundo. La historia y los signos escriturales se jun-
taban: "Cuando el escritor reúne un complejo de palabras—observa
Barthes—, se pone en tela de juicio la Literatura en sí; lo que la Modernidad nos permite leer en la pluralidad de formas de escribir, es el callejón
sin salida que constituye su propia Historia."[18]

Tanto el historiador como el escritor expresaron la necesidad de
modificar la función del lenguaje en la representación de la realidad.

"El historiador, en su función de historiador [puede mantenerse] . . .
bastante alejado de los actos colectivos que describe; su lenguaje y el
acontecimiento descrito con ese lenguaje son entidades netamente distintas. Pero el lenguaje del escritor es en cierta medida el producto de
su propia acción; es el historiador y el agente de su propio lenguaje."[19]
El escritor de la época moderna es un creador autorreflexivo, con
una conciencia aguda y a menudo angustiada poseído de una nueva
visión de su propio arte y de la trascendencia del verbo. Por un lado
el modernista concibe que hay "una música ideal como hay una música
verbal" (Darío, "Dilucidaciones"), pero por otro, se opacan los signos
del verbo, y, por extensión, del arte: "La obra colectiva de los nuevos
de América es aún vana, estando muchos de los mejores talentos en
el limbo de un completo desconocimiento del mismo Arte a que se
consagran" (Darío, "Palabras liminares"). De ahí que el escritor moderno, desde el modernista primigenio, hasta los escritores de las van-
guardias del siglo XX, revele un descentramiento espiritual y artístico
cuyas manifestaciones en la escritura son la autodefensa agresiva, la
autoconcienca aguda, una inclinación profética, y un acomplejado es-
tigma de alienación—signos indicadores de la modernidad literaria.[20]

> La modernidad en que pensamos es la que Paz describe como . . . [una]
> voluntad de participación en una plenitud histórica hasta entonces ve-
> dada a los hispanoamericanos. La modernidad no es sino la historia en
> su forma más inmediata y rica. Mas angustiosa también: instante hen-
> chido de presagios, vía de acceso a la gesta del tiempo . . . . Decadente
> y bárbaro, el arte moderno es una pluralidad de tiempos históricos, lo
> más antiguo y lo más nuevo, lo más cercano y lo más distante, una
> totalidad de presencias que la conciencia puede asir en un momento único
> . . . .[21]

Lejos de nuestra intención disminuir la trascendencia de los experi-
mentos lingüísticos que practicaron los artistas del modernismo. En
cambio, no nos parece lícito definir el modernismo en términos exclu-
sivos de la *manía del estilismo*. Entre los modernistas las innovaciones
lingüísticas del texto literario adquieren una autonomía existencial
como parte de un proceso autorreflexivo. Y, por consiguiente, en sus
textos se produce un *desprendimiento*, una separación en términos de
la naturaleza del estilo del artista individual, y la existencia de maneras
divergentes—vis-à-vis la tradición—como norma de la escritura moderna. Se instaura la persecución modernista de la forma que no encuentra
el estilo,[22] y la búsqueda de las raíces del pasado.
En las expresiones artísticas de la modernidad hispanoamericana
hay una posición deconstructiva y desacralizadora antes de *Prosas
profanas*[23] frente a un proceso reconstructivo orientado hacia la recu-

peración de valores sistémicos. En un nivel lingüístico se trata de ela-
borar formas revolucionarias de la escritura mediante las *vueltas* des-
critas por Paz,[24] como es el caso de la "prosa" medieval, o los *dezires*
de Darío. Estas miradas hacia el pasado no corresponden a la incorporación de los patrones del arte romántico. Constituyen más bien un
deseo de reestructurar el arte y la realidad inestables sobre una base
nueva, metafórica en lugar de metonímica,[25] mediante la incorporación
de motivos, ritmos y patrones pertenecientes a la tradición mítica o
histórica. En su "Poema del Niágara" Martí alude al vertiginoso ritmo
de estas transformaciones: "Con un problema nos levantamos; nos
acostamos ya con otro problema. Las imágenes se devoran en la mente.
No alcanza el tiempo para dar forma a lo que se piensa. Se pierden
unas en otras las ideas en el mar mental, como cuando una piedra
hiere el agua azul se pierden unos en otros los círculos del agua."[26]

Como parte de este complejo proceso renovador el artista va buscando su propia sombra. Ocurre una proliferación de estructuras lingüísticas conflictivas, antitéticas, las cuales en la literatura de la Modernidad, a primera vista, parecen los signos de registros separados de la
existencia de un mundo caótico. Es el caso de *Azul* . . . , libro en cuyas
páginas no sólo encontramos los códigos denotadores del idealismo,
los sueños dorados, y los desplazamientos hacia los espacios exóticos,
sino también los de la miseria social y la marginalización económica
del mundo moderno burgués ("El fardo"). Pero, estos registros, en
apariencia antitéticos, constituyen la dualidad de visiones recibidas por
el creador, y en el texto de *Azul* . . . se patentizan mezclados: en el
escenario inicial de "El fardo" el sol se hunde "con sus polvos de oro
y sus torbellinos de chispas púrpuras, como un gran disco de hierro
candente"[27]; y en "La canción del oro" aparece el cuadro de las clases
sociales escindidas: "Cantemos el oro, río caudaloso, fuente de vida,
que hace jóvenes y bellos a los que se bañan en sus corrientes maravillo-
sas, y envejece a aquellos que no gozan de sus caudales."[28] Descifrados
en sus contextos individuales y colectivos estos registros heterogé-
neos,[29] se descubre debajo de las texturas de la superficie del texto un
hervidero interiorizado de anhelada liberación, de crítica y de protesta
frente a la modernización burguesa.

En la consideración de estas cuestiones ideológicas y estilísticas quizá
debiéramos hablar de la coherencia o de la incoherencia histórica, de
raíces—rezagadas—pertenecientes al iluminismo racionalista del siglo
XVIII, por un lado y, por el otro, de la experiencia del XIX—la contemporánea de los modernistas—concebida en términos de ritos o mitos
del pasado actualizados, y de un futuro de dimensiones abiertas, mul-
tifacéticas, enigmáticas y aterradoras. Una angustia inconsolable, el

vacío espiritual concebido por Kierkegaard y otros filósofos existencialistas menos recordados[30] preside el concepto de la vida y del arte y
crea en los escritores modernos un sentido de nihilismo, de duda y de
exilio espiritual o social. Así lo entendió Carlos Reyles cuando, en 1897,
aludió a los "estremecimientos e inquietudes de la sensibilidad FIN DE
SIGLO, a las "ansias y dolores innombrables que experimentan las
almas atormentadas de nuestra época," y a "los latidos del corazón
moderno" que encerraban emociones terroríficas como las del marginado y alienado personaje de *El extraño*: "No hay duda, soy completamente *extraño* a los míos ¡a los míos! . . . pero ¿tengo que ver algo
con ellos?"[31]

El desgarrador vacío espiritual pertenece a un inalcanzable centro
ideológico, a un núcleo de un (a)sistema epistemológico, mal definido,
pero profundamente anhelado, cuyos temblores tumban al escritor, y
al hombre lo despojan de los valores consagrados y las normas tradicionales en una era de *desprendimiento*. El escritor modernista, lo cual
equivale a decir el creador primigenio de la Edad Moderna, en medio
de la anarquía de su medio, desarrolla un discurso de la libertad—
estilística, lingüística, filosófica, estética. Pese a sus recelos interiores y
las espeluznantes implicaciones de la ruptura con los moldes tradicionales que restringían el vuelo libre de su inspiración, defienden,
como Darío, el concepto de un "movimiento de libertad," el cual se
traduce en escrituras distintas, pero con nexos entre sí; Martí, frente al
caos, dirá "Por cauce nuevo / mi vida lance" ("Musa traviesa").

Un discurso en movimiento

Martí fue quien primero deslindó la dinámica del discurso moderno—su libertad, su novedad, su carácter metamórfico ("El poema del
Niágara"). Después, entre los creadores del modernismo fue Rodó
quien comentó la naturaleza fundamentalmente transformista de la
vida: "Hija de la necesidad es esta transformación continua . . . —escribió—"; "quien, con ignorancia del carácter dinámico de nuestra naturaleza, se considere alguna vez definitiva . . . deja, en realidad, que
el tiempo lo modifique a su antojo . . ."[32]; "reformarse es vivir."[33] Con
éstas y otras observaciones el uruguayo señaló uno de los aspectos
más relevantes, y a la vez, más inquietantes de la que Azorín llamara
la Edad Moderna.

Después de Rodó, el escritor que con más ahinco ha profundizado
las dimensiones sociales de la modernidad ha sido Angel Rama, cote-
rráneo del modernista uruguayo. Buscando las raíces sociohistóricas de
la producción social/literaria de la América moderna, la relación con

el pensamiento europeo del XVIII y, las "futuras" observaciones de
José Martí, Rama observa que fue

> . . . en una luzbélica traducción de la Biblia que Fausto encontró la
> fórmula de la modernidad: "en el principio era la acción." Y fue invo-
> cando un signo mágico que pudo ver la realidad como movimiento per-
> petuo que tejía la malla del universo. En ese texto de fines del XVIII
> encontramos interpretado el mundo naciente, éste al que pertenecemos,
> bajo las especies del cambio incesante, del movible devenir. Esa ley ri-
> gurosa llega a América, descongelando una sociedad todavía estática, en
> los años de la vida de Martí.[34]

Martí y sus contemporáneos leyeron el panorama cultural con mayor
exactitud que gran parte de la crítica sucesiva.[35] Darío, por ejemplo,
en su crónica-contestación, "Pro domo mea" dirigida a Clarín, alude
a las "atrocidades *modernistas*," las "extravagancias y dislocaciones
literarias" de la epidemia imitativa después de la publicación de *Azul*
. . . .[36] Desde ese momento hasta el presente las ideas sobre el discurso
modernista han sido heterogéneas, heterodoxas, y confusas.

Entre la multiplicidad de voces críticas sobre el "rebasamiento" del
modernismo, los conceptos desarrollados por Angel Rama han contribuido de modo notorio a reorientar y encauzar nuestras ideas hacia
una escritura concebida como "objeto autónomo." Esta posición crítica
no pasa por alto los registros del delirio individual—los casos del "arte
de la infamación" truculenta de Blanco-Fombona, o el del "tesoro personal" defendido por el volátil y múltiple Darío. Frente a estas posi-
ciones Rama desveló las características de una producción literaria nacida conforme a un sistemático buceo histórico-literario, cuyas
pervivencias artísticas han asediado y moldeado la escritura americana
en etapas evolutivas posteriores.

El discurso modernista conforme a este patrón de disfunciones y
arritmias, surge como parte de una necesidad de individuación del
discurso colectivo en relación con un proceso sociohistórico paralelo a
raíz del siglo XVIII. De hecho, se podría expandir el modelo y decir
que en América el proceso libertador se patentiza en las instituciones
y obras de manera in/consciente desde el momento de la ruptura del
universo indígena, signada por el proceso de la transculturación y el
arte sincrético de la época de la conquista y la exploración. Los síntomas
de estos "impulsos modeladores" no constituyen la obra de un seg-
mento limitado. Rama, afirma que se trata de un proceso democrati-
zador notorio que se instaura en "las ciudades, donde no sólo está
surgiendo un proletariado que se organiza sobre los modelos sindicales
europeos y con cuyos cuadros intelectuales comparten los poetas un
espíritu rebelde."[37] Y, en la escritura modernista esta democratización

se evidencia en el afán, señalado por Baldomero Sanín Cano, por *"«poner la poesía por la forma y por el concepto, dentro del círculo de conocimiento del pueblo y en su natural lenguaje».* La construcción de una lengua poética culta a partir de una transposición rítmica de la lengua hablada que no impidió una aristocrática selección lexical dentro de la peculiar sintaxis del español y el portugués americanos, estableció la norma democrática de este arte que registra el ascenso inicial de los sectores medios . . . ."[38]

En conformidad con este sistema de maduración, autoidentificación, y elaboración lingüística, pueden proyectarse tres claves culturales de la producción literaria americana: la originalidad, la independencia, y la representatividad, y dos nacimientos. El primero sería la creación de los diecisiete estados nuevos en el XIX; el segundo, el del período moderno/modernista, en el cual crece el internacionalismo en comparación con el fuerte nacionalismo de la primera etapa de construcción nacional (1825 a 1870). Posterior a estos años iniciales de vida independiente, el internacionalismo creó una aglutinación regional por encima de las restringidas nacionalidades del siglo XIX.

Todas estas transformaciones—rupturas, diría Paz—conforman el perfil de los códigos de la modernización sociocultural de América. De ahí que el modernismo *es* la modernidad; es ". . . el conjunto de formas literarias que traducen diferentes maneras de la incorporación de América Latina a la *modernidad,* concepción sociocultural generada por la civilización industrial de la burguesía del XIX, a la que fue asociada rápida y violentamente nuestra América en el último tercio del siglo pasado por la expansión económica y política de los imperios europeos a la que se suman los Estados Unidos."[39]

El resorte impulsor de la cultura producida por este "conjunto de formas literarias" es el *principio de reacción* que vitaliza un período de "progreso y renovación."[40] De ahí que en sus últimos escritos sobre el modernismo Rama rechaza la idea de Onís que el modernismo es "la forma hispánica de la crisis universal de las letras y del espíritu, que inicia hacia 1885 la disolución del siglo XIX."[41] En su lugar propone que

> . . . lejos de ser una crisis, fue la vigorosa maduración de las letras latinoamericanas al integrarse a la literatura occidental mediante sistemas expresivos comunes que, sin embargo, fueron capaces de resguardar la cultura regional y los problemas específicos de sus sociedades. Sobre todo porque el atraso en que se encontraban sociedad y literatura en América, al abrirse hacia 1870 la expectativa de progreso y organización, impuso una violenta absorción de prácticamente toda la literatura que se había producido en el XIX en Europa y en Estados Unidos.[42]

Las correlaciones y actualizaciones de la teoría de Rama se relacionan con la idea de Rafael Gutiérrez Girardot de la *homología cultural*, sin la cual, "no es explicable la recepción de la literatura francesa desde Gautier y Leconte de Lisle, Hugo y Baudelaire, hasta Mendès, etc., que no sólo expresaba las complejas situaciones de la noción prestigiosa y poderosa de la Europa del siglo pasado, sino también de la sociedad en creciente proceso de un aburguesamiento radical."[43]

Y, pese a la ausencia de una abundante clase burguesa, según Gutiérrez Girardot, "los *principios* de la sociedad burguesa se impusieron,"[44] creando homologías cuyas articulaciones culturales producían versos como el rubeniano: "con Hugo fuerte y con Verlaine ambiguo." Pero, tantas facetas tiene el "galicismo mental" que uno se pregunta a veces si el modelo homológico propuesto por Girardot,[45] sea capaz de explicar lo que en Darío fue una "adoración por Francia" traducido en su confesado deseo de "escribir en lengua francesa."[46] ¿No se trataría también de otro sustrato productor del texto, el del *epos*,[47] que nos revela al deslumbrado creador en busca del "otro"? En el caso rubeniano, le asediaron la pluralidad de voces de Catulle Mendès, Paul de Saint Victor, Hugo, Verlaine, en medio de las cuales se propone crear un espacio nuevo, tras absorber los registros de su discurso.[48]

Estas correspondencias y traslaciones sincrónicas se producen en un continente en trance evolutivo, radical y veloz, de un universo "perdido." A Gutiérrez Girardot le parece pertinente citar de Schlegel y su *Kritische Schriften* para ilustrar la nostalgia, la depresión y el vacío que experimentaron los artistas modernos frente a la pérdida de la fe y los valores ideales del universo premoderno: "Nos falta . . . en nuestra poesía un centro . . . . No tenemos mitología."[49]

Frente a estas exploraciones de las texturas del discurso modernista hay que cuestionar y meditar sobre el rechazo del concepto de crisis en el período de la modernización literaria. ¿No leemos en *Cantos de vida y esperanza* de un sufrimiento parecido al del citado Schlegel, al rogarle el hablante poético de "Spes" que Jesús le confirme Su existencia y le ofrezca el consuelo frente a la angustia cotidiana? Y, pese a la defensa que Rama estructura para caracterizar el período como una era de "progreso y renovación," entendió que fue, a la vez, una época de reenquiciamiento y remolde, como lo había denominado Martí.[50] Y Rama mismo, en la obra y en la acción social del cubano, percibió las tensiones de una crisis social (concepto que luego rechazó, como ya lo hemos demostrado). En 1971 escribió: "[Martí] . . . ve nítidamente el sacudimiento que origina el modificar la estructura consolidada, padece la inestabilidad del cambio; estudia las consecuencias del sismo. No llega a atisbar que en adelante será siempre así; sacudimiento incesante, devenir incontrolable, cambiar sin reposo. Martí vive la experiencia de la modificación como ningún otro hispanoamericano, pero percibiéndola como una crisis que ha de ser superada."[51]

La crisis existencial del artista, la que se patentiza en la necesidad martiana de descubrir la "juntura," los nexos armónicos, frente a las contradicciones universales, es una formulación individual de una angustiada problemática epocal. El atolladero agónico del hombre moderno, "es uno de los puntos cruciales del *episteme* modernista ... que a todos impuso una intelectualización del arte para poder hacer frente a la contradictoria modernización de la sociedad en curso ...."[52]

La "sociedad en curso" sometió al artista a los vaivenes del mercado económico. La modernización "burguesa"[53] le convirtió al artista en víctima, y, al mismo tiempo, en agente de su propio sino: "Producida la división del trabajo y la instauración del mercado, el poeta hispanoamericano se vio condenado a desaparecer. La alarma fue general."[54] Frente a los replanteamientos de la comunidad social—léase sociedad burguesa—el poeta siente la necesidad de protegerse, convirtiéndose, en el proceso,—en uno de los registros de su discurso—en el defensor de lo ideal y de lo bello. Se produce una suerte de cofradía entre los escritores; se intensifica la subjetivación del arte, naciendo así un discurso continental que Rama identifica con la época de la *modernización literaria* y no con la del *modernismo literario*. La intención es doble: subrayar la trascendencia de las circunstancias socioeconómicas en la formación del nuevo discurso literario; y, dejar la puerta abierta hacia una definición revisionista de los nexos entre *modernismo, modernización, modernidad, y cultura democratizada*.[55]

Hacia una definición de fronteras

Los límites cronológicos del estilo modernista se ofuscaron desde el momento en que Darío, muertos sus coetáneos, se autoatribuyó la génesis del modernismo. En las primeras etapas del desarrollo de este arte moderno hubo figuras como el panameño, Darío Herrera que entendieron con mayor precisión histórica que Darío la relevancia de la obra de Martí, Gutiérrez Nájera, Casal, y Silva. Pero, la crítica académica posterior se olvidó de la evolución histórica del arte modernista y escuchó la voz rubeniana hasta que Juan Ramón Jiménez y Federico de Onís insistieron sobre una imprescindible revaloración histórica y estética. Frente a la idea monolítica del modernismo como arte exquisito y escapista fue ganando terreno la idea de una época (un siglo, medio siglo), y un arte cuyas normas y características heterogéneas se identificaban con un período amplio, parecido al concepto del Renacimiento, del Siglo de Oro español, o de la Epoca Colonial americana. En estas cuestiones cronológicas la historiografía hoy en día ha vuelto a su punto inicial como se puede apreciar por la lectura del libro de Ricardo Gullón, *El modernismo visto por los modernistas*.

"Escritores de la modernización," y "arte de la modernización" son los términos que Rama utiliza para describir el fermento artístico y la actividad cultural y socioeconómica de 1870 a 1910. En este *período de modernización* descubre:

> 1. la conquista de la especialización literaria y artística, por el momento sólo atisbo de una futura profesionalización, que promovió el desarrollo social, propiciando por esta vía el ascenso de integrantes de los estratos inferiores . . .;
> 2. la edificación de un público culto, modelado por la educación y el avance de pautas culturales urbanas . . .;
> 3. las profundas influencias extranjeras . . . que propusieron modelos y dieron incentivo a una mucho más nutrida y sofisticada producción artística que procuró competir en un mercado internacional;
> 4. la fundación de la autonomía artística latinoamericana respecto a sus progenitores históricos . . . ;
> 5. la democratización de las formas artísticas mediante un uso selectivo del léxico, la sintaxis y la prosodia del español . . . y la invención de formas modernizadas . . . adecuadas a los sectores que cumplían la transformación socio-económica, y,
> 6. un reconocimiento mejor informado . . . de la singularidad americana, de sus problemas y conflictos . . . .[56]

Con las celebraciones ostentosas de un siglo de independencia llega a su conclusión, según las formulaciones—truncas—de Rama, el período de modernización ("Prólogo"), pues en la correspondencia entre una literatura que busca y logra su autonomía, y un continente que celebra su primer centenario de vida independiente, encuentra la simetría que justifica la clausura de una época. El deslinde de los nexos entre la modernización de las letras, la presencia del estilo modernista, y la labor de modernizar el discurso crítico, pertenece al futuro. Pero, por el momento está claro que ni el modernismo ni la modernidad pueden reducirse a una estética, a una escuela, a un conjunto fortuito de talentos individuales; tanto el modernismo como la modernidad americanos anuncian la instauración de la "novedad de un *sistema literario latinoamericano* que . . . [va a desarrollarse] en las décadas posteriores y concluir en el robusto sistema contemporáneo."[57]

Estas transformaciones sucesivas del sistema literario americano se insertan en el discurso crítico sobre la modernidad propuesto por Yurkievich y Garfield-Schulman, entre otros. Y, a nuestro juicio, es en ese espacio crítico—dinámico y metamórfico—que se inscribirán los nuevos estudios sobre el modernismo: su historia, la lectura de sus textos, y el deslinde de su discurso en movimiento perpetuo.

NOTAS

1. Ver Lezama Lima, *Introducción a los vasos órficos* (Barcelona: Seix Barral, 1971), particularmente el capítulo "Introducción a un sistema poético," pp. 67–99.

2. Lily Litvak, *El modernismo* (Madrid: Taurus, 1975), p. 388.

3. Ver los testimonios contemporáneos recogidos por Ricardo Gullón en su *El modernismo visto por los modernistas* (Barcelona: Guadarrama, 1980).

4. Gullón, pp. 110–11.

5. El proceso social disgregador de la época modernista lo entendió el arriba citado antimodernista José Deleito y Piñuela: "Las sociedades, como los individuos, envejecen, y esto es causa del egoísmo senil, origen del orgullo literario que hace cultivar el *yo* exclusivamente . . ." Litvak, p. 388). Y, en el mismo ensayo Deleito alude al decadentismo y la anarquía sociales, relacionando estos fenómenos con una "época de transición [que] ofrece crisis violentas, confusión de ideales, vagos anhelos, crepúsculos de un mundo próximo a hundirse envuelto en sudario de sombras, y albores de una civilización futura que se inicia . . ." (Litvak, p. 383).

6. Gullón, p. 110.

7. Consistían éstos en "tomarle el pelo a la gente . . . , pasar personajes de un radioteatro a otro y . . . cambiarles los nombres, para confundir a los oyentes" (Gullón, p. 243).

8. Mario Vargas Llosa, *La tía Julia y el escribidor* (Barcelona: Seix Barral, 1977). p. 242.

9. Obra inédita, 1987.

10. Reproducimos el texto de un original obsequiado por Parra al autor de este ensayo.

11. Enrico Mario Santí, *"Ismaelillo*, Martí y el modernismo," *Revista Iberoamericana* 137 (1986), pp. 839–40.

12. Roland Barthes, *Writing Degree Zero*, trad. Annette Lavers y Colin Smith (Nueva York: Hill & Wang, 1967), p. 60. La traducción es nuestra en el caso de este texto y los demás en inglés.

13. Ver el lúcido y sugestivo ensayo, "Le peintre de la vie moderne" (1863) en las *Œuvres complètes* (París: Gallimard, 1961).

14. Juan Valera, "Carta-Prólogo," *Azul . . .*, de Rubén Darío, 15ª ed. (Madrid: Espasa-Calpe, 1968), p. 16.

15. Valera, p. 16.

16. "El *Poema del Niágara*," en el Vol. 7 de *Obras completas* (La Habana: Editorial Nacional, 1963), p. 230.

17. Martí, p. 229.

18. Barthes, p. 61.

19. Paul de Man, *Blindness and Insight: Essays in the Rhetoric of Contemporary Criticism* (Nueva York: Oxford, 1971), p. 152.

20. Irving Howe, *Literary Modernism* (Nueva York: Fawcett, 1967), p. 23.

21. Octavio Paz, *Los hijos del limo* (Barcelona: Seix Barral, 1974), p. 21.

22. Ver el poema de Darío, "Yo persigo una forma . . ." de *Prosas profanas.*

23. Saúl Yurkievich, *Celebración del modernismo* (Barcelona: Tusquets, 1976), p. 32.

24. *Cuadrivio* (México: Mortiz, 1965), p. 22.

25. Ver el estudio de David Lodge, "Historicism and Literary History: Mapping the Modern Period," *New Literary History* 10 (1979): 547–55.

26. Martí, p. 227.

27. Darío, *Azul . . .*, p. 47.

28. Darío, *Azul . . .*, p. 59.

29. Sobre estas cuestiones, v. el estudio de Hugo Achugar, "≪El Fardo≫, de Rubén Darío: receptor armonioso y receptor heterogéneo," *Revista Iberoamericana* 137 (1986): 856–74.

30. Sobre las distintas filosofías existencialistas, v. el libro de Emmanuel Mounier, *Introducción a los existencialismos*, trad. Daniel D. Monserrat (Madrid: Guadarrama, 1967).

31. "El extraño," *Antología de poetas modernistas menores*, ed. A. S. Visca (Montevideo: Ministerio de Educación y Cultura, 1971), pp. 61–65.

32. José Enrique Rodó, *Obras completas* (Madrid: Aguilar, 1967), p. 311.

33. Rodó, p. 309.

34. Ángel Rama, "La dialéctica de la modernidad en José Martí, *Estudios martianos* (Río Piedras: Editorial Universitaria, 1974), p. 154.

35. Ver la selección de ensayos y comentarios reunidos por Gullón.

36. En *Escritos inéditos de Rubén Darío*, ed. E. K. Mapes (Nueva York: Instituto de las Españas, 1939), p. 51.

37. Rama, *Las máscaras democráticas del modernismo* (Montevideo: Fundación Ángel Rama, 1985), p. 50.

38. Rama, Prólogo ["La modernización literaria latinoamericana (1870–1910)"], *Clásicos hispanoamericanos* (Barcelona: Círculo de Lectores, 1983), pp. 18–19.

39. Rama, "La dialéctica," p. 129.

40. Rama, "Prólogo," p. 23.

41. Federico de Onís, "El concepto del modernismo" en *España en América* (Madrid: Universidad de Puerto Rico, 1955), p. 176. Rama había incorporado esta idea de Onís en sus escritos anteriores a 1983. V., por ejemplo, "La dialéctica."

42. Rama, "Prólogo," p. 23.

43. Rafael Gutiérrez Girardot, *Modernismo* (Barcelona: Montesinos, 1983), pp. 43–46.

44. Girardot, p. 44; el énfasis es nuestro.

45. Girardot, pp. 43–46.

46. Darío, *Escritos inéditos*, p. 121.

47. Denis Donoghue, *Ferocious Alphabets* (Londres: Faber & Faber, 1981), p. 99.

48. Donoghue, p. 133.

49. Girardot, p. 90.

50. Martí, p. 225.

51. Rama, "La dialéctica," p. 154.

52. Ángel Rama, "Indagación de la ideología en la poesía; los dípticos seriados de *Versos sencillos.*" *Revista Iberoamericana* 112–13 (1980), p. 365.

53. Matei Calinescu, *Five Faces of Modernity* (Durham: Duke University Press, 1987), pp. 41–46.

54. Ángel Rama, *Rubén Darío y el modernismo* (Caracas: Universidad Central de Venezuela, 1970), p. 50.

55. Para una explicación de este último término, v. *Las máscaras democráticas del modernismo*, pp. 39–42.

56. Rama, "Prólogo," p. 10.

57. Rama, "Prólogo," p. 16.

Colaboradores

EVELYN PICON GARFIELD es profesora de literatura española y comparada, Universidad de Illinois, Urbana-Champaign y Co-directora (Estados Unidos) del proyecto de literatura latinoamericana de la American Council of Learned Societies/IREX–Comisión de las Humanidades y las Ciencias Sociales de la Academia de Ciencias de la URSS. Sus libros y ensayos sobre literatura moderna y contemporánea incluyen volúmenes dedicados a escritoras latinoamericanas y la obra de Julio Cortázar.

ANÍBAL GONZÁLEZ-PÉREZ es profesor asociado de español en la Universidad de Michigan State. Es especialista en literatura caribeña y en el modernismo hispanoamericano, y autor de libros sobre la crónica y la novela modernistas, además de ensayos sobre García Márquez, Cortázar, Palés Matos, y otros.

VERA N. KUTEISCHIKOVA es miembro de la Academia de Ciencias de la URSS y del Instituto Gorki de Literatura Mundial en Moscú, y Co-directora (Unión Soviética) del proyecto de literatura latinoamericana de la American Council of Learned Societies/IREX–Comisión de las Humanidades y las Ciencias Sociales de la Academia de Ciencias de la URSS. Se especializa en literatura mexicana y ha sido colaboradora en la primera historia de la literatura latinoamericana escrita en ruso, en prensa en este momento en la Unión Soviética.

GRACIELA PALAU DE NEMES es profesora de español en la Universidad de Maryland. Es autora de libros, monografías, y ensayos sobre varios aspectos de la literatura hispanoamericana, y especialista en la obra de Juan Ramón Jiménez.

IVAN A. SCHULMAN es profesor de literatura española y comparada en la Universidad de Illinois, Urbana-Champaign y Director del Departamento de Español, Italiano y Portugués. Desde 1983 es Co-director del proyecto de literatura latinoamericana de la American Council of Learned Societies/IREX–Comisión de las Humanidades y las Ciencias Sociales de la Academia de Ciencias de la URSS. Ha publicado libros, monografías, y ensayos sobre varios aspectos de la literatura moderna hispanoamericana, especialmente sobre el modernismo, la obra de José Martí, y la literatura cubana.

PEGGY SHARPE VALADARES es profesora asistente de portugués en la Universidad de Illinois, Urbana-Champaign. Además de varios ensayos sobre literatura brasileña de los siglos XIX y XX, en los cuales enfatiza la crítica feminista, ha publicado una edición del *Opúsculo humanitário* de Nísia Floresta con un estudio preliminar.

VALERI B. ZEMSKOV es miembro de la Academia de Ciencias de la URSS y del Instituto Gorki de Literatura Mundial en Moscú, y Co-directora (Unión Soviética) del proyecto de literatura latinoamericana de la American Council of Learned Societies/IREX– Comisión de las Humanidades y las Ciencias Sociales de la Academia de Ciencias de la URSS. Es especialista en las literaturas argentina y cubana, y colaborador en la primera historia de la literatura latinoamericana escrita en ruso, ahora en prensa en la Unión Soviética.

YURI ALEKSANDROVICH ZUBRITSKI es miembro de la Academia de Historia de la URSS. Es especialista en literatura y cultura quechuas, y autor de estudios sobre la literatura escrita en quechua y la historia andina.